JIGONG YUANXIAO XUESHENG QIUZHI ZHIDAO

# 技工院校学生
# 求职指导

主　编◎李　日　倪中勇
副主编◎谢　磊　李　希

中国劳动社会保障出版社

**图书在版编目（CIP）数据**

技工院校学生求职指导/李日，倪中勇主编. -- 北京：中国劳动社会保障出版社，2019
ISBN 978-7-5167-3950-1

Ⅰ.①技… Ⅱ.①李…②倪… Ⅲ.①职业选择-技工学校-教材 Ⅳ.①G717.38

中国版本图书馆 CIP 数据核字（2019）第 109559 号

**中国劳动社会保障出版社出版发行**

（北京市惠新东街 1 号 邮政编码：100029）

*

北京市艺辉印刷有限公司印刷装订 新华书店经销

787 毫米×1092 毫米 16 开本 10.5 印张 203 千字

2019 年 7 月第 1 版 2022 年12月第 8 次印刷

**定价：21.00 元**

营销中心电话：400-606-6496

出版社网址：http://www.class.com.cn

http://jg.class.com.cn

# 前　言

就业是民生之本。改革开放以来，我国逐步改革了劳动人事管理制度，转变了由政府“统包统配”的人力资源配置方式，赋予了企业用人自主权和劳动者自由择业权，培育与完善了人力资源市场，越来越多的各类学校毕业生通过人力资源市场以双向选择的方式实现就业。

职业教育是培养高素质劳动者的重要阵地。《国家教育事业发展“十三五”规划》提出，强化大国工匠后备人才培养，着力提升职业学校人才培养质量。因此，在职业教育中必须要渗透就业能力的教育，使之成为技工院校学生职业核心能力的亮点和高素质劳动者的必备技能。

制造强国需要千千万万的一线技术工人。如何以更加开放的视野，更加准确的定位，找到合适的岗位，在各自岗位上奉献自己的聪明才智，这是需要学习技能的。提升就业能力是技工院校学生迈出校门之前的必修课，是全面推进职业教育校企合作和实现产教深度融合的基础工作。

我们组织编写的《技工院校学生求职指导》，强化针对性，突出技工教育特色，为使技工院校毕业生能顺利实现就业提供帮助。同时，我们希望，求职指导不仅能帮助学生找到工作，而且能为其长期从事的工作奠定基础，并在求职中深化职业精神，进一步践行工匠精神。

《技工院校学生求职指导》共分六章，内容包括开启职业之门、规划职业生涯、做好求职准备、掌握求职技巧、走进职业世界和谋求职业发展。本书各节以生活实例导入，内容安排设计组合“想一想/试一试”“案例思考/寓言故事”“资料链接”“拓展训练”等学习环节，以满足不同学生的学习需求。本书选用的案例是编者多年从事职业指导所积累的典型案例，贴近教学和生活实际，具有一定的代表性和较广泛的适应性。因此，本书还可作为高职院校、中等职业技术学校学生职业指导教学用书。

编者

2019年7月

# 目 录

第一章 开启职业之门 …… 1

第一节 了解职业分类 …… 2
第二节 知道入职条件 …… 9
第三节 熟悉就业政策 …… 12
第四节 把握就业形势 …… 16

第二章 规划职业生涯 …… 21

第一节 立足本人实际 …… 22
第二节 评估职业环境 …… 33
第三节 设计职业生涯 …… 37
第四节 执行调整规划 …… 43

第三章 做好求职准备 …… 47

第一节 掌握沟通技巧 …… 48
第二节 搜集就业信息 …… 54
第三节 选择求职渠道 …… 58
第四节 准备求职材料 …… 62

第四章 掌握求职技巧 …… 67

第一节 熟悉笔试技巧 …… 68
第二节 掌握面试技巧 …… 72
第三节 调适求职心理 …… 91
第四节 注意求职安全 …… 97

第五章 走进职业世界 …… 105

第一节 签订劳动合同 …… 106

第二节　步入职业生涯 …… 116
第三节　实现角色转换 …… 123

**第六章　谋求职业发展** …… 131

第一节　奠定发展基础 …… 132
第二节　争取晋职升级 …… 135
第三节　谋划新职新岗 …… 137
第四节　打开创业之门 …… 143

**附录 1　国家职业资格目录** …… 148

**附录 2　劳动合同范例** …… 156

# 第一章　开启职业之门

职业是个人获得经济收入的来源，维持家庭生活的手段；职业是个人为社会做贡献的途径，也是个人获得名誉、权力和社会地位的途径。我们进入各类学校读书都是为自己的职业生涯发展打基础，我们退休后也要依靠从业时的积蓄和社会保障来颐养天年，人人都离不开职业。

作为技工院校学生，在校学习期间要了解职业分类、知道入职条件、熟悉就业政策、把握就业形势，为毕业时择业求职做好准备。

# 第一节　了解职业分类

[生活实例]

技工院校学生小马正在准备毕业生求职材料。由于他不清楚父母所从事的职业属于什么类别，因而无法在自己的求职材料中介绍父母的职业状况。

职业对每个在校学生来说并不陌生，因为可从身边人的工作中略知一二，但对面临择业求职的毕业生来说，这是不够的。要想在纷繁的职业世界中找到适合自己的职业，一定要了解职业的类别，熟悉职业世界，才能寻找到适合自己的职业岗位。

## 一、职业

### （一）职业的概念

学生对于职业的最初了解一般来源于父母。每个人从小都是靠父母辛勤的工作来养育的，父母的工作可能是医生、司机、电工、售货员、厨师、清洁工等。

职业是人们从事的相对稳定的、作为主要生活来源的工作。一般来说，职业有三个基本要素：一是要付出劳动，包括体力劳动和脑力劳动；二是要有固定的、合法的收入；三是要得到社会的承认。

[想一想]

家务劳动、乞丐、商品传销等是职业吗？为什么？

### （二）职业的功能

从个人角度来说，职业具有以下功能：职业是个人获得经济收入的来源，也是个人维持家庭生活的手段；职业是促进个性发展的手段，当个人从事的职业能使个人的特长、兴趣得到充分发挥时，也就促进了其个性的充分发展；职业是个人在社会劳动中从事具体劳动的体现，也是个人为社会做贡献的途径；职业是个人获得名誉、权力和社会地位的途径。

从社会角度来看，职业的存在和职业活动构成了人类社会的存在和社会活动，职业种类越多，社会活动越多样化，社会生活就越丰富多彩；职业劳动创造社会财富，从而为社会的存在和发展奠定了物质基础；职业是维持社会稳定、实现社会控制的手段。

### （三）职业的特征

1. 社会性

职业是人类在劳动过程中出现的分工现象，它体现了劳动力与劳动资料之间的结合关系。劳动过程中结成的人与人的关系无疑是社会性的，他们之间的劳动交换反映的是职业活动和职业劳动成果的社会性。

2. 经济性

职业的经济性，是指人们通过职业劳动来获取经济报酬，以维持个人生存、家庭生活和职业发展。一个人的职业劳动只有既能满足职业者自己的需要，又能满足社会的需要，这样的职业劳动才有意义。

3. 专业性

职业的专业性，是指不同的职业有其特定的工作内容、劳动方式和劳动手段，每种职业都有一定的知识、技能和技术规范要求。现代及未来社会，随着社会的进步和经济的发展，社会分工越来越细，专业技术要求越来越高，逐步形成了“让专业的人来做专业的事”的共识。职业的专业性要求新生劳动者在校期间，要热爱自己的专业，认真学习专业知识，积极参加技能训练，为未来的就业打好基础。

4. 稳定性

职业的稳定性，即职业在一定的历史时期内形成，并具有较长生命周期。职业的稳定性是劳动者规划未来的基础。职业的稳定与职业的变换是一对孪生姐妹，职业稳定能使劳动者不断提高劳动技能，增加经济收入，职业变换能使劳动者寻求更大的发展。

5. 多样性

职业的多样性，是指职业的种类繁杂、形式多样。随着社会的进步，社会分工越来越细，职业种类也越来越多。在知识经济的推动下，我国的产业结构必将发生重大变化，随之会产生很多新行业，增加许多新职业。现代社会的职业从简到繁、从少到多，已经繁衍出几千甚至上万种职业。职业的多样性为广大劳动者的择业提供了广阔的空间。

6. 时代性

职业的时代性，是指职业随时代的发展而变化。随着社会发展，新的职业不断产生，原有的某些职业也会消失，一些传统的职业被时代赋予新的内容和方式。例如，21 世纪以来出现了健康管理师、职业化妆师、公共营养师、商务策划师等新的职业，而电话接线员、接生婆、货担郎等职业已经消失或正在消失，农民、会计等传统职业工作的内涵和方式也发生了质的变化。职业时代性要求劳动者在劳动过程中要关注职业的发展，不断学习新知识、新技术，以适应时代的要求。

[想一想]

你所知道的已被淘汰的职业有哪些？新产生的职业有哪些？

## 二、职业的产生与历史演变

职业是人类社会发展到一定阶段的产物。原始社会生产力水平很低，劳动没有什么固定的分工，只是在氏族内部、部落内部，根据性别和年龄的差别而出现的自然分工。一般是男人捕鱼、打猎，女人采集植物果实、料理家务，老年人制作劳动工具，所以不存在职业。随着生产力的进步，出现了畜牧业、农业、手工业、商业。由于有了这些社会分工，便出现了最初的职业，如牧人、农夫、工匠、商人等。

奴隶社会使职业种类有所增加。随着生产力的发展，出现了大量的剩余产品，使社会上的一部分人有可能脱离体力劳动，依靠别人的剩余产品来生活。奴隶主和富商们完全摆脱了体力劳动，其中一部分人专门从事管理国家、组织生产等活动。

封建社会使职业得到发展。随着封建社会农业经济和社会的发展，冶炼、纺织、制陶、造纸、印刷、造船、酿酒、制糖、制茶等手工业以及商业、自然科学、文学艺术等领域，也都有了很大的进步。除了在奴隶社会已经出现的农民、手工业者、商人和生产管理者外，又出现了诸如艺术家、文学家、科学家、医生、教师等新的职业。在新行业产生与兴旺的同时，旧的、落后的行业就逐渐消失了。例如，冶炼技术的兴起和发展将青铜铸造业挤出了历史的舞台，从事青铜铸造行业的人就改行从事其他职业了。

从 18 世纪中期起，欧洲一些国家发生了工业革命，完成了以机器生产代替手工劳动、以机器大工业代替工场手工业的重大变革。大规模的机器生产使职业分工更细，而且带来了许多前所未有的职业。例如，织布机的出现以及圈地运动使成千上万的农民离开了土地成为纺织行业的工人。

时代发展到今天，职业得到了空前的发展，职业世界呈现出一幅崭新的图景。可以想象，未来将有许多全新的职业在人们面前崛起，也将有许多传统的职业在地平线上衰亡。

## 三、职业的分类

### （一）国外职业的分类

1958 年初版的《国际标准职业分类》正式面世，之后根据职业的变化又经几次修订，最新一版为《国际标准职业分类（2008）》。《国际标准职业分类》的颁布为促进国际间相关领域的交流做出了贡献。

加拿大《职业岗位分类词典》把分属于国民经济中主要行业的职业划分为 7 000 多种。每种职业都有定义，并逐一说明其内容及对从业人员在教育程度、职业培训、能力倾向、兴趣、性格以及体质等方面的要求。

### （二）我国职业的分类

1. 我国古代的职业分类

根据《周礼 · 考工记》的记载，我国古代职业有六种，即王公、士大夫、百工、商旅、农夫与妇功。人们常说的“三百六十行”源于《清稗类钞 · 农商类》一书，该书中记载：“三十六行，种种职业也。就其分工而约计之，曰三十六行；倍之，则为七十二行；十之，则为三百六十行。”

2. 国家标准《职业分类与代码》中的职业分类

参照国际标准和方法，我国在 1986 年首次颁布了《职业分类与代码》，之后分别于 1999 年、2009 年和 2015 年进行修订。《职业分类与代码》适用于按职业分类的各种调查统计、行政管理和国内外信息交流等。

3. 《中华人民共和国职业分类大典》中的职业分类

《中华人民共和国职业分类大典》于 1999 年颁布，2015 年最新修订。1999 年颁布的《中华人民共和国职业分类大典》将我国所有职业分为 8 个大类、66 个中类、413 个小类、2 028 个细类。2015 年修订的《中华人民共和国职业分类大典》将职业分为 8 个大类、75 个中类、434 个小类、1 481 个细类（与国家标准《职业分类与代码》中的职业分类兼容），其中 8 个大类是：党的机关、国家机关、群众团体和社会组织、企事业单位负责人，专业技术人员，办事人员和有关人员，社会生产服务和生活服务人员，农、林、牧、渔业生产及辅助人员，生产制造及有关人员，军人，不便分类的其他从业人员。

《中华人民共和国职业分类大典》的颁布为开展国民经济信息统计和人口普查、进行劳动力需求预测和规划、了解行业或部门经济现状的全貌等提供主要依据，同时对职业教育的发展具有引导作用。

**［想一想］**

你向往的职业在我国职业分类中属于哪一类？

## 四、职业的发展趋势

科技的发展使社会分工和职业分化的速度进一步加快，职业的专业化、智能化、综合化则是职业未来的发展趋势。

### （一）职业的专业化

职业的专业化，是指职业分工越来越细，社会对职业的专业技术水平要求越来越高。职业的专业化，要求各种职业岗位有更多的受过良好教育、培训，掌握一定技术的人。

### （二）职业的智能化

职业的智能化，是指在职业劳动中，脑力劳动的比重增加，体力劳动脑力化，各种就业岗位对单纯体力劳动者或操作人员的需求量明显减少。当前我国经济转型升级中涌现的智能制造就是职业智能化的体现。

### （三）职业的综合化

职业的综合化，是指职业之间相互重叠、交叉，职业对从业人员的知识经验、技能、能力的要求越来越全面。如产品推销员，不但要掌握产品知识、市场信息，还要具备公关能力。由于职业的综合化，各种就业岗位更加欢迎那些有多方面能力的人。

**［资料链接］**

### 21 世纪中国最有发展前景的行业

**1. 网络信息咨询与服务业**

当今的时代是一个信息时代，网络信息技术的发展使人们对网络信息的依赖性越来越强，网络信息服务也成为社会上的一个重要行业。这个行业包含网上购物服务、商业信息服务、广告媒体服务等。

**2. 房地产开发业**

随着住房政策改革和住房的商品化，购房也成为每个家庭的一件大事，房地产开发业也因此面临无限的商机，并因此带动了与之相关的房地产咨询、销售、物业管理、租赁、二手房转让行业的迅速发展。

3. 社会保险业

随着国家经济的进步和社会保障体系的不断完善，人们的安全防护意识也在不断提高，保险意识越来越强。因此，保险业会日益受到人们的重视。

4. 家用汽车制造业

随着社会经济的飞速发展和人们物质生活的不断提高，家庭对汽车的需求量呈不断上升趋势。个人对家用汽车的需求将在今后相当长的时间内持续上升，给家用汽车制造业带来前所未有的机会。同时，家用汽车市场的发展还将带动汽车配件、维修等行业的发展。

5. 老年医疗保健品业

中国已步入人口老龄化的社会。老年人人口比例的增加带来很多医疗、保健、社区服务等方面需求的增加。因此，老年人保养品、药品、生活必需品、社区服务等行业将具有很大的发展前景，并形成一个独特的产业。

6. 妇女儿童用品业

随着人们对生活质量要求的提高，女性朋友和儿童对服装、化妆品、洗涤用品以及生活中一些必需品的需求也越来越大，会带动相关产业的迅速发展。在未来的社会发展中，这一行业仍然有巨大的发展潜力。

7. 旅游休闲及相关产业

随着人们生活水平的提高以及节假日数量的增多，外出旅游休闲已成为人们生活中一件很平常的事情，人们旅游休闲的机会也越来越多。这不仅带动了旅游业的发展，同时也促进了服务、运动产品开发、旅游产品开发等行业的繁荣发展。

8. 建筑与装潢业

国内城市居民住房的商品化，带动了装修业的发展。装修业的发展有力地带动了装饰材料业的发展。

9. 餐饮、娱乐与服务业

社会生活节奏的加快使人们对快餐业的需求增加。虽然国外的西式快餐业在中国迅速发展，但对于中国人来说，更习惯于中式快餐，因此中式快餐业在未来社会发展中将占有重要的地位。

**[拓展训练]**

1. 根据所给的提示，猜出相关的职业。

(1) 不辞劳苦→大街小巷→绿衣天使——（　　　　　）

(2) 热气腾腾→烟雾弥漫→水深火热——(　　　　)
(3) 博古通今→春风化雨→无私园丁——(　　　　)
(4) 争先恐后→表达清晰→独家新闻——(　　　　)
(5) 抬头挺胸→出生入死→投笔从戎——(　　　　)
(6) 如法炮制→垂涎三尺→山珍海味——(　　　　)
(7) 体态轻盈→摇曳生姿→手舞足蹈——(　　　　)
(8) 字字珠玑→思如涌泉→妙笔生花——(　　　　)
(9) 任劳任怨→堆积如山→一尘不染——(　　　　)
(10) 妙手回春→救死扶伤→现代华佗——(　　　　)
(11) 百发百中→一针见血→白衣天使——(　　　　)
(12) 独具慧眼→五颜六色→惟妙惟肖——(　　　　)
(13) 除暴安良→明察秋毫→人民护卫——(　　　　)
(14) 活灵活现→入戏三分→最佳角色——(　　　　)
(15) 轻歌曼舞→黄莺出谷→余音绕梁——(　　　　)
(16) 天生丽质→身材修长→流行前线——(　　　　)
(17) 一日千里→纵横千里→轻车熟路——(　　　　)

2. 根据下列选项，说一说你所喜欢的三个职业及理由。

(1) 工资高
(2) 福利好
(3) 享有一些别人没有的特权
(4) 工作环境好
(5) 工作稳定
(6) 能提供较好的再教育机会
(7) 有较高社会地位
(8) 工作轻松
(9) 能充分发挥自己的才能
(10) 工作符合自己的兴趣
(11) 良好的人际关系
(12) 企业有发展潜力
(13) 其他理由

| 职业 | 喜欢的理由 |
| --- | --- |
| | |
| | |
| | |

# 第二节　知道入职条件

［生活实例］

小郑是某技师学院机械专业的毕业生。因他学习成绩好、技能过硬，毕业后学校准备让他留校担任实训指导老师。小郑知道，要当好老师，光凭自己所学的知识和技能还不够，还要掌握一定的专业理论知识以及教育学、心理学知识。小郑留校工作后，边工作边给自己充电，努力使自己成为一名合格的实训指导老师。

职业是多种多样的，毕业生要在众多的职业中找到适合自己的职业，在校期间就要了解自己所学专业对应的职业有哪些，了解自己向往的职业岗位有什么要求，同时努力学习，积极参加社会实践，努力使自己的职业素质和职业能力与职业岗位要求相匹配。

## 一、职业对从业者职业素质的要求

职业对从业者的要求即从业者的职业素质。职业素质是劳动者在一定的生理和心理条件的基础上，通过教育实践和自我修养等途径形成和发展起来的，是职业活动中应有的基本品质。职业素质主要包括职业道德素质、科学文化素质、专业技能素质和身体心理素质等。

### （一）职业道德素质

职业道德素质是从业者在职业活动中表现出来的遵守职业道德规范的状况。职业道德规范是从业人员调整和处理职业活动中各种关系的准则和基本要求，同时也是评价从业人员职业行为是非、好坏、善恶的标准。不同的职业由于工作内容、社会责任、服务对象和服务手段不同，决定了它对职业道德有不同的要求。职业道德素质的培养要从点滴小事做起，立足于自己所学的专业及对应的职业群，在日常生活中逐渐养成。

［资料链接］

部分行业人员职业道德规范

公交服务人员：安全正点、方便周到；

医疗服务人员：救死扶伤、高度负责；

旅游服务人员：热情友好、不卑不亢；

文艺工作人员：情操高尚、大方正派；

教育工作人员：教书育人、为人师表；

个体经营人员：遵纪守法、买卖公平；

行政执法人员：秉公执法、铁面无私；

国家公务人员：廉洁奉公、甘当公仆。

### （二）科学文化素质

科学文化素质是从业者对人类文化成果的认识和掌握程度。技工院校学生的科学文化素质主要来源于文化课程和专业课程的学习。技工院校学生在校要通过课程学习，认识和掌握自然、社会知识，培养良好的学习态度、学习方法、学习习惯，为将来就业以后能立足社会、谋求职业发展打好基础。

**[案例思考]**

小许在校期间喜欢实践课，不喜欢理论课。毕业后他很快找到了一份一线操作工的工作，几年后公司内部举办企业中层干部竞聘考试，公司规定先笔试后面试，小许报名竞聘，结果未能进入面试。

### （三）专业技能素质

专业技能素质是从业者在职业活动中，在专业技能和专业知识方面所表现出来的状况与水平。它是一个人从事某项职业所必须具备的基本素养，是一个人择业的基本参照和就业的基本条件，也是一个人胜任职业岗位工作的基本要求。因此，技工院校学生在校期间要立足专业学习，积极参加技能训练，不断提高自己的专业技能，为毕业后的就业做好准备。

**[案例思考]**

小丹是财会专业的毕业生，经学校推荐，她参加某大型超市收银员岗位的面试，面试由经理亲自主持，经理对专业知识一句都没问，只是从口袋中拿出四张百元大钞，分别给四位求职者，让他们每人选购一些工作必需的文具用品，并说他喜欢动作麻利的人，请大家快去快回，第一个回来的人就是优胜者。他话音刚落，其他三位应聘者迅速跑出办公室。小丹拿到钞票后总觉得颜色有些不对，她仔细用手摸了摸，对经理说："这张钞票有点问题，能不能请您换一张？"经理笑着说："你已具备了收银员的基本素质，明天来上班吧！"

### （四）身体心理素质

身体心理素质是从业者身体器官的机能和心理品质的状态与水平，现代社会的职业劳动要求从业者有健康的体魄与健全的心理。因此，技工院校学生在学习期间要积极参加体育锻炼，并养成良好的生活习惯，使自己有健康的体魄，同时要积极参加社会实践，使自己情感健康、意志坚强。

［案例思考］

小王是文秘专业毕业的女生，多次应聘企业文秘岗位，都未能如愿。她并没有因此而沮丧，而是根据自己家乡经济的特点，学习并钻研食用菌栽培技术，不出几年，她就成为了远近闻名的“女强人”。

## 二、职业对从业者资格的要求

职业资格是对准备从事某一职业的劳动者必备的学识、技术和能力的基本要求。职业资格证书是对达到职业资格规定的必备的学识、技术和能力的劳动者颁发的证明。

人力资源社会保障部于 2017 年 9 月公布了《国家职业资格目录》（见附录 1）。国家职业资格分为准入类职业资格和水平评价类职业资格。准入类职业资格关系公共利益或涉及国家安全、公共安全、人身健康、生命财产安全，均有法律法规或国务院决定作为依据，从事准入类职业的劳动者必须持证上岗；水平评价类职业资格具有较强的专业性和社会通用性，技术技能要求较高，劳动者可根据需要自愿参加评价鉴定。

［试一试］

在附录 1 里查一查，你所学专业所对应的职业对从业者有何资格要求？

随着时代的发展、社会的进步，现代企业对劳动者会提出更高的要求，因此在校学生不但要掌握现代科学知识和技能，而且还应注重创新精神的培养和创新能力的提高。

［拓展训练］

1. 做人要遵守公民道德规范，做工要遵守职业道德规范。请上网查找公民道德规范和你所向往的职业的职业道德规范，并将其记录下来。

2. 上网查一查你所向往的职业有什么具体素质要求，你打算如何提高自己的职业素质。

# 第三节　熟悉就业政策

**［生活实例］**

某技工院校的同学在课余时间讨论毕业就业问题：有的同学说，技工院校毕业生能由国家统一分配工作就好了；有的同学说，还是按照自己的意愿去选择职业好。同学们你一言我一语地讨论着……

新生劳动者在就业前要了解就业制度、就业政策和就业形势，这既是顺利实现就业的需要，也是正确实现就业的需要。

## 一、我国的劳动就业制度

劳动就业制度，是指国家对于人们获得就业资格、进行职业选择、获得职业岗位的途径和程序方法的各项规定，是维护社会正常就业秩序的各种管理制度。就业制度主要包括职业介绍制度、职业准入制度、劳动合同制度和劳动保障制度等。

### （一）职业介绍制度

职业介绍制度，是指职业中介机构为求职者介绍职业、给用人单位提供劳动力的服务制度。职业中介机构包括政府举办的“劳动力市场”“人才市场”“人才交流会”，也包括学校的就业推荐部门，还包括行业部门、社会团体、个人开办的职业介绍所、服务部、咨询公司和人力资源公司等。它们定期或不定期地开展供需见面活动，为求职者与用人单位牵线搭桥。

### （二）职业准入制度

职业准入制度就是就业准入制度，根据《中华人民共和国劳动法》（以下简称《劳动法》）和《中华人民共和国职业教育法》（以下简称《职业教育法》）的有关规定，对从事技术复杂、通用性广，涉及国家财产、人民生命安全和消费者利益的职业（工种）的劳动者，只要从事国家规定的技术工种（职业）工作，必须取得相应的职业资格证书，方可就业上岗。

我国职业资格证书分为五个等级：初级、中级、高级、技师、高级技师；也有的职业

分为四个等级，即中级、高级、技师、高级技师；还有的职业分为三个等级，即初级、中级、高级，或中级、高级、技师；个别职业只有两级，即技师、高级技师。

在就业竞争激烈的今天，劳动者手中的各种职业资格证书能为就业增添竞争力。

**［试一试］**

请咨询专业课老师，通过专业学习后，可以考取哪些职业资格证书？并结合自己的实际情况制订考证计划。

**（三）劳动合同制度**

劳动合同与每一个劳动者息息相关，是劳动者走上工作岗位与用人单位发生劳动关系时必须签署的协议。劳动合同的内容包括劳动者与用人单位经过平等协商后达成的关于权利和义务事项的条款。

**（四）劳动保障制度**

国家通过制定法律、法规和规章来保证劳动者在劳动时能有安全、卫生保障，能获得收益，以及在年老、疾病、失业、工伤、生育及遭受意外灾害的情况下，可以得到经济补偿。

1. 社会保险制度

社会保险是指劳动者因年老、患病、伤残、生育等原因而丧失劳动能力或失去劳动机会时，由国家和社会给予物质帮助和补偿的一种社会保障形式。主要包括养老保险、医疗保险、失业保险、工伤保险和生育保险。其中养老保险、医疗保险和失业保险由企业和个人共同缴纳保费，工伤保险和生育保险的保费完全是由企业承担的。

2. 职业安全卫生制度

职业安全卫生也称劳动安全卫生或劳动保护。职业安全卫生工作是为了保护劳动者在劳动、生产过程中的安全与健康，改善劳动条件，预防工伤事故及职业病，实现劳逸结合和女职工等特殊群体的保护等。职业安全卫生制度是保障劳动者劳动安全和卫生的一系列工作制度，包括安全生产责任制度、职业安全卫生措施计划制度、职业安全卫生教育制度、职业安全卫生检查制度、伤亡事故和职业病统计报告和处理制度、职业安全卫生监察制度等。

### （五）劳动争议协商、调解和仲裁制度

劳动争议协商是指当事人一方通过与另一方约见、面谈等方式解决争议。协商并非解决劳动争议的必经阶段。

劳动争议调解，是指企业调解委员会、依法设立的基层人民调解组织、乡镇或街道设立的具有劳动争议调解职能的组织，根据劳动争议当事人的申请，对用人单位与劳动者发生的劳动争议，通过宣传法律、法规、政策和说用教育等方法，使争议双方相互谅解、达成协议，从而及时解决争议的一种活动。调解并非解决劳动争议的必经阶段，双方当事人可以申请调解，也可以直接申请仲裁。

劳动争议仲裁，是指劳动争议仲裁委员会，根据劳动争议当事人的申请，依照法定的程序，按照劳动法律和法规，对劳动争议做出裁决，并对当事人具有法律约束力的一种劳动争议处理方式。劳动争议仲裁是劳动争议诉讼的法定前置程序。劳动争议仲裁制度是国家确立的高效、及时处理和化解劳动争议的专项劳动法律制度。劳动者和用人单位在不服劳动争议仲裁裁定时，可在法定时限内向人民法院申请民事诉讼。

劳动争议发生后，当事人可自行协商，可向调解组织申请调解；不愿协商、不愿调解、协商调解不成或调解协议未获履行的情况下，可向劳动争议仲裁委员会申请仲裁，对仲裁裁决不服的还可依法向人民法院起诉。劳动争议处理应遵循公平、公正、及时和着重调解的原则，以法律为准绳、事实为依据，尽量通过协商、调解方式解决当事人的矛盾纠纷。

## 二、我国现行的就业政策

### （一）我国现行的就业方针

在社会主义市场经济条件下，要想做好就业促进工作，实现社会就业比较充分的目标，必须调动各方面的积极性，坚持“劳动者自主择业、市场调节就业、政府促进就业”的方针。

1. 劳动者自主就业

劳动者自主就业，是指劳动者按照社会的需要和对现有职业的比较，选择适合自己兴趣、爱好和专长的职业，或在国家法律法规允许范围内，自谋职业和自主创业，尽快实现就业。因此，技工院校毕业生在就业的问题上，也应与其他新生劳动者一样按照市场方法实现就业和创业。

2. 市场调节就业

市场调节就业，是指充分发挥人力资源市场在促进就业中的基础性作用。通过市场职

业供求信息，引导劳动者合理流动和就业；通过用人单位自主用人和劳动者自主择业，实现供求双方相互选择；通过市场供求关系，调节劳动力的供求。因此，技工院校毕业生在择业求职时要树立“先求生存，再谋发展”的就业观念。

3. 政府促进就业

政府促进就业，是指国家运用经济、法律和必要的行政手段，对社会就业状况进行宏观调控，创造就业条件，扩大就业机会，提供就业服务，并保证公平就业，最终达到劳动者充分就业的目的。

**（二）“创业带动就业”的政策**

党的十八大报告提出：“要贯彻劳动者自主就业、市场调节就业、政府促进就业和鼓励创业的方针，实施就业优先战略和更加积极的就业政策。引导劳动者转变就业观念，鼓励多渠道多形式就业，促进创业带动就业。”

党的十九大报告又提出：“就业是最大的民生。要坚持就业优先战略和积极就业政策，实现更高质量和更充分就业。大规模开展职业技能培训，注重解决结构性就业矛盾，鼓励创业带动就业。”

**[试一试]**

上网查一查，我国政府鼓励与扶持劳动者创业的政策有哪些？哪些有利于刚毕业的学生创业？

**[拓展训练]**

1. 有句话说得好，“机遇只给有准备的人”。你除了要考专业对应的职业资格证书之外，还有要考其他证书的打算吗？

你还打算考取的职业资格证书是________________________________，

打算参加考试的时间是______________________________________。

2. 去当地社会保障中心办事大厅问一问，现行的社会保障政策有哪些？

# 第四节　把握就业形势

**[生活实例]**

技工院校毕业生小吴在校学习的专业是核电设备安装与维护，他坚持一定要到核电站建设单位去就业，因此在应聘时一概拒绝其他民营企业。小吴的做法可取吗？

当前的就业形势如何，这不仅是新生劳动者要关注的问题，也是在校生应当关注的问题。求职者只有关注就业市场的变化，才能及时调整自己的择业求职方案，增强职业选择的正确性与主动性，通过竞争尽快实现就业目标。

## 一、我国是人力资源大国

截至 2017 年年底，中国大陆人口有近 14 亿人，其中 16~59 岁的有 9 亿多人，约占总人口的 65%。我国人口总量和劳动力总量都比较大。另外，随着城市化、工业化进程的加快，大量农村富余劳动力向城镇转移并在非农业领域就业，使劳动力供大于求的状况加剧，因此劳动者就业形势十分严峻。

## 二、就业竞争日趋激烈

首先，劳动力供大于求，必然要导致就业竞争的出现。其次，由于社会经济的发展和科技的进步，社会对劳动者的文化和技术素质要求不断提高，致使文化和技术素质较低的劳动者就业越来越困难。我国对劳动者就业实行双向选择，竞争上岗，这会导致一些热门行业和经济效益好的单位或工种，在招聘时应聘者众多，但就业岗位有限，只有那些受过职业技术教育且综合素质较高者才能够应聘成功，而其他人只能降低择业标准，或暂时无法就业。

**[试一试]**

说一说你所在地区机械专业毕业生的就业情况。

## 三、就业结构性问题突出

### （一）就业结构性问题

所谓就业结构性问题，简单地说就是指人才供给和需求之间存在的不匹配现象。这种不匹配现象既可以来自于地区、行业之间，也可以表现为劳动者素质与岗位技能之间。

### （二）我国就业结构性问题表现

从总体来看，我国就业结构性矛盾主要表现在以下四个方面。

1. 毕业生就业结构性错配

近年来，我国产业结构调整加快，而相应的教育培养结构滞后于经济社会需求的实际变化，部分专业的大中专毕业生供大于求和专业人才紧缺的结构性矛盾十分突出。

**[试一试]**

问一问学校就业处老师，你现在所学专业的毕业生就业情况如何？

2. 传统行业中低端就业岗位减少

传统劳动密集型产业通过“机器换人”“智能制造”等方式转型升级，或者低端产业转移外迁其他地区，导致制造业中低端就业岗位大量减少。

3. 高技能人才短缺现象比较严重

技能劳动者短缺，新的产业和企业招不到合格技工的现象普遍存在。东部沿海经济发达地区，高素质劳动者特别是高级技能人才更显匮乏。近年来，长三角、珠三角等地区出现了“技工荒”现象，北京等地区也出现了对技工的需求大于供给的状况。高技能人才严重短缺已成为企业发展的“瓶颈”，这种现象在今后一段时间内仍将持续。

4. 就业岗位转移流失较多

劳动力成本不断提高，竞争力下降，一些外资劳动密集型企业从中国转移到劳动力成本相对较低的国家或地区，其员工面临再就业问题。

就业结构性问题在就业市场上表现为“招工难”与“就业难”现象并存，“硕士、博士满街

跑，高级技工难寻找”。

［想一想］

你所期盼的职业是否存在就业结构性问题?

［资料链接］

解决劳动者就业结构性问题的对策

就业的结构性问题并不是我国所特有的，它是一个普遍的国际性问题。国际上解决劳动力就业结构性问题的对策，一般分两方面：一是调整收入政策；二是调整人力政策，而重点在后者。联合国开发计划署在《人类发展报告》中指出：“就业机会的扩展依赖于经济的增长和人类基本能力的提高。”西方国家针对就业结构性问题所采取的人力政策已经由“消极”转向“积极”，即从以保障失业者的生活为目标转向以充分就业开发利用劳动力资源为目标。具体措施主要有教育与培训、人力计划、促进劳动者合理迁移、就业市场信息的收集与传播、反歧视政策等。

借鉴国际经验，要缓解我国劳动力就业中的结构性矛盾，应重点提升劳动力的素质，既提升劳动者的素质水平，又改善劳动者的素质结构。

1. 强化职业技术教育的职业特色。即让职业技术教育回归其本位，注重职业技术教育的适用性、职业性和综合性，使职业技术院校培养的学生与市场需求相一致。其中的关键是根据市场对劳动者职业技能的要求，有针对性地设置课程，使学生在学校接受的是市场上需要的职业技能教育与培训。

2. 注重对农村劳动者的职业技术教育和技能培训。加大对农村转移劳动力培训的投入，同时注意培训的适用性，特别是要与用工企业合作，提升培训后的就业率。

3. 进一步完善地区劳务合作机制，疏通劳动力市场信息传递渠道。既要进一步完善跨省的劳务合作机制，又要进一步完善省内跨地区的劳务合作机制，同时还要在劳动力需求较多地区与需要转移的劳动力较丰富的地区之间建立起全方位的合作，在职业中介机构与各类职业技术院校之间建立起全面的合作关系。

## 四、就业市场蕴含生机

### （一）经济全球化为毕业生提供就业空间

2001 年 12 月，中国成功加入了世界贸易组织，这使中国与世界融为一体，外资和外商进入中国市场，带来大量的就业机会并带动我国就业市场。另外，劳动密集型向技术密集型的迅速转变，将使毕业生成为就业市场上获益的最大群体之一。而且，随着国际间合作的进一步加强，“一带一路”倡议的进一步推进落实，到境外就业的人越来越多，国际劳务输出、人才流动也将会促进毕业生就业。

**（二）家政、旅游和健康养老等第三产业将是人才需求的热点**

随着社会的发展和城镇居民生活水平的不断提高，各类服务业竞相发展，娱乐、旅游、家政和健康养老等行业大有发展前景。只要我们摆正位置，调整心态，也会给我们的就业带来新的希望和机遇。

**（三）人事制度的深化改革使各地区的门户进一步开放**

为了缩小地区间经济发展的不平衡，各地区越来越意识到人才在发展中不可替代的作用，各种限制政策正在逐步取消。例如，北京、上海、广州等地，打开城门，减少限制，增加优惠，争先构筑人才高地。许多行业、企业对人才引入开“绿灯”。当然，这也要求大家要不断学习、提高自身素质。另外，毕业生自主创业的人也越来越多，每个新企业（公司）的诞生，也会吸纳一批上岗人员。

**[拓展训练]**

1. 走访当地的人才市场、劳动力市场或参观当地的人才交流会，了解当地企业的招聘情况：

（1）招聘企业的产业类型是：________________；

（2）招聘的主要岗位有：________________；

（3）招聘企业的最低工资是：________________。

根据这样的招聘情况，你认为毕业后，能否在本地找到适合你自己的职业？

2. 走访当地企业，了解他们用工情况：

（1）本地员工约占企业员工总数的________%；

（2）外地员工约占企业员工总数的________%；

（3）技工院校毕业的员工约占企业员工总数的________%。

# 第二章　规划职业生涯

职业生涯规划因人而异。在校生可参考前人的成长痕迹，对自己的现状和环境进行评析，制订属于自己的职业生涯规划，并在职业生涯规划的指引下，努力学习，练就本领，为将来就业做好准备。

不经历风雨，怎能见彩虹？ 用心描绘自己的未来，用坚定而有力的步伐走向职业道路，大展自己的身手，相信自己的明天会如彩虹般绚丽多彩、光辉耀眼。

# 第一节　立足本人实际

**[生活实例]**

小梅是电子电工专业毕业生，毕业后在某电子公司从事简单的电子零件装配工作，在工作中她深感单调乏味，因而对工作缺乏热情，半年后她辞掉了这份工作。“我该找什么工作呢？为什么别人喜欢干，而我……”她开始反思自己，“我为人坦诚，温和开朗，坚忍乐观，思维活跃、清晰，有极强的责任感、目标感和工作执行能力；能与不同的人有效沟通，人际关系好；具有很强的语言、文字表达能力及信息获取整合能力；能吃苦耐劳，工作抗压性好，工作认真执着，团队意识强，喜欢接受新的挑战并坚决完成。”分析自我后，她决定进军旅游业，通过努力，她多次获评优秀导游。

从小梅的事例可以看出，一个人只有立足本人实际，才能事业有成。因此，在校生在择业求职前要认识自己。认识自己包括认识自己的兴趣、性格、能力特长及价值取向等，只有这样，才能在择业求职时做出正确的选择。

## 一、认识自己的意义

一个人只有正确认识自己，才会拥有通达的人生观，才会找到适合自己所走的路，才会取得事业成功。

### （一）认识自己，准确规划

一个人只有认识自己，才能了解“现在的我”，才能准确规划“未来的我”。在“未来的我”这个目标引导下，才会努力学习，不断提高自己的职业素养，为择业求职和未来的职业发展做好准备；在“未来的我”这个目标引导下，才会在职业活动中有所追求，使自己事业有成。

### （二）认识自己，顺利求职

求职如同作战，需要知己知彼，需要求职者准确客观地认识自己和职业环境。“知己”就是认识自己。自己到底喜欢干哪些工作？能干哪些工作？适合干哪些工作？求职者要做到心中有数。在认识自己的基础上，确定求职目标，规划求职方案，实施求职策略，只有这样，才能在求职过程中，目的明确而不盲目。

### （三）认识自己，成就事业

研究发现，每个正常人都有其独特的才干及优势。我们应该认识自己，明白自己的优势，并将自己的事业建立在这个优势上。例如，一个软件工程师可以开发出一套非常热销的软件，却不见得能指挥“千军万马”；一个跨国集团的总裁可以管理好旗下的企业及员工，却不一定能开发出一套好的软件。因此，认识自己，明白自己适合做什么，能做什么，根据自身优势，全力以赴去做，这样事业才会成功。

## 二、认识自己的内容

你认识自己吗？也许你会毫不犹豫地回答：认识。其实没这么简单。认识自己，既要认识外在的我，也要认识内在的我；既要认识积极的我，也要认识消极的我；既要认识昨天和今天的我，也要认识明天的我。认识自己的内容丰富而具体，它主要包括自己的兴趣、性格、能力特长、行为习惯、价值取向等。

### （一）兴趣与职业兴趣

1. 兴趣

兴趣是一个人积极探究某种事物的心理倾向。了解自己的兴趣，对自己的择业和就业有很大意义。

2. 职业兴趣

职业兴趣表现为一个人有从事相关工作的积极的心理倾向。“萝卜青菜，各有所爱”，每个人都有自己的职业兴趣。有的人喜欢与自然打交道，有的人喜欢从事机器操作，有的人喜欢社会工作。有的人兴趣广泛，有的人兴趣单一。如果一个人对某种职业感兴趣，就会关注这个职业，投入高度的热情；一个人如能从事自己感兴趣的职业，工作起来就会身心愉悦，热情高涨，干劲十足，乐此不疲。职业兴趣影响个人的求职筹划和求职决策，当兴趣和职业相适应时，个人的工作满意度、职业稳定性和职业成就感就能增加许多。

**[案例思考]**

小张在初中时对电器感兴趣，课余常向老师讨教电工难题。初三毕业时，在老师的指导下，他报考了某技工学校电子专业。兴趣引导他勤奋学习专业基础知识，掌握专业技能。学习也使他对家电行业产生了更浓的兴趣。毕业时，他以优异的成绩被某音响专卖店录用。小张为了更好地掌握音响原理，几年如一日，利用业余时间学习音乐知识，用心钻研音响电器原理和调试维修技术。对音响电器的喜好，对职业的热爱，使他勤学好问、乐在其中，并以过硬的职业技术、热情的服务态度赢得了广大顾客的好评。

3. 职业兴趣的培养

对从事的职业产生兴趣往往需要一个了解、喜欢、热爱、沉醉的过程。在校生应努力了解所选的专业，学好专业知识，掌握专业技能，同时拓展自己的兴趣范围。在所学专业对应的职业群中，相信一定能找到与自己兴趣相符合的职业。

[想一想]

你觉得一个人的职业兴趣应该如何培养？

[资料链接]

兴趣的类型

1. 喜欢同工具、器具或数字打交道的人。适合的职业有制图员、修理工、裁缝、木匠、建筑工、会计等。

2. 喜欢与人打交道的人。适合从事销售、采访、信息服务等工作，如记者、营业员、服务员、推销员等。

3. 喜欢有规律的工作，或在预先安排的程序下做细致的工作。适合的职业有邮件分类员、图书管理员、办公室职员、档案整理员、打字员、统计员等。

4. 喜欢帮助别人的人。适合从事社会福利和助人的工作，如医生、律师、护士、咨询人等。

5. 能从大局着眼，做一些计划、规划的人。适合做行政、组织工作，如人力资源管理者等。

6. 喜欢研究人的行为、举止和心理状态的人。适合从事心理咨询、社会工作等。

7. 喜欢分析、推理、测试之类的活动，长于理论分析，善于独立解决问题，并通过实验获得新发现的人。适合的职业有生物、化学、物理、工程方面的研究人员等。

8. 有想象力和创造力，喜欢挑战和创新的人。适合从事一些能发挥他们创造性的工作，如演员、设计人员、画家等。

9. 喜欢运用一定的技术操纵各种机械，制造产品或完成其他任务的人。适合从事操纵机器的技术工作，如机床工、驾驶员、飞行员等。

10. 喜欢制作看得见、摸得着的产品，希望很快看到自己的劳动成果，从完成的产品中得到自我满足的人。适合从事一些具体的工作，如厨师、园林工、理发师、美容师、室内装饰工、养殖员等。

### （二）性格与职业性格

1. 性格

性格是一个人对现实的稳定态度以及与之相适应的习惯化了的行为方式，是一个人在对待客观事物和社会行为方式中所表现出来的比较稳定的个性心理特征。性格分为内向型、外向型、中间型。一个人的性格影响着他对职业的适应性，一定的性格适合于从事一定的职业。

2. 职业性格

职业性格是人们在长期特定职业生活中所形成的与职业相联系的比较稳定的心理特征。俗话说："男怕入错行，女怕嫁错郎。"性格影响着人们从事某一职业的适应性，如能找到并从事与性格相适应的职业，就容易干得开心，就容易从工作中获得满足感和成就感。如果让一个活泼开朗、善于言谈、求新求异的人，去从事单一重复的物品加工工作，那么这个人不闷坏才怪。同样，不同的职业也要求我们具有与之相适应的职业性格。例如，从事幼儿教育的工作者需要耐心、细心，从事管理的工作者需要机智、果断。

**[案例思考]**

小玉是一个性格开朗，善于表现自己的人。初中毕业后，她随要好的同学来到某技工学校就读财会专业。在校期间，她担任班里文艺委员，在她的带领下，该班的文艺工作做得有声有色，每年学校元旦文艺汇演，她们班的节目均能得到好名次，也曾多次代表学校参加县市文艺汇演。但她的学习成绩只能说是马马虎虎。毕业后，她又随同学去某工业城的一家企业担任车间统计员，由于性格好动，上班时经常串岗，没多久她就被公司"炒鱿鱼"了。她只好回到学校，要求学校二次推荐就业，经学校努力，她被推荐至某公司工会担任助理员，目前工作干得有声有色。

3. 性格的调适

虽然俗话说"江山易改，本性难移"，但其实人的性格是可以调适的。知识、能力、实践锻炼、生存环境、突发变故等或多或少都能影响一个人的性格。在校生要了解自己的性格，并通过学习和实践来调适自己的性格，为未来的职业活动取得成功打好基础。

**[案例思考]**

小李学的是财会专业，他性格内向、少言寡语，为人真诚、吃苦耐劳。毕业后在一家企业做记账员，小李感到特别满意。可是好景不长，企业破产，他只好另谋职业。

小李通过一家跨国公司的技能考核，成为一名营销员。这份工作需要和陌生人打交道，性格得外向，不然就不能胜任工作。因此，他除了在业务上尽快适应新岗位外，更加刻意与别人交流，主动和陌生人交往。性格开朗起来后，小李干劲更足了，再加上他吃苦耐劳、责任心强，很快成为业务骨干。

经过几年积累，已经性格外向、富有冒险精神的小李，决定开办自己的公司。自己经营公司并不容易，但几经挫折，小李经受住了考验，变得更加坚强。几位同学看到性格变化后的小李这么能拼敢闯，纷纷加盟，使他的公司更上一层楼。

［资料链接］

## 职业的类型

变化型。变化型职业的主要特点是：工作呈现多样化的特征，工作内容经常有变化，工作环境也可能会有很大的不同。同时，变化型的工作通常意味着很大的工作压力，而且需要从事这类职业的人能迅速转移自己注意力。变化型的职业有记者、推销员等。

重复型。重复型职业的主要特点是：工作大多是一些重复性的机械劳动，同时，此类型的职业常常有一定的计划和标准，其进度也是可以预见的。重复型的职业，在各种生产线上比较常见。

服从型。服从型职业的主要特点是：工作大部分需要按照规定和安排来进行，而不需要独立做出决策。服从型的职业有秘书、办公室职员、翻译等。

独立型。独立型职业的主要特点是：需要自己计划活动或指挥别人去完成工作，常常需要自己独立做出决策。独立型的职业有企业各种管理人员、律师、医生等。

劝说型。劝说型职业的特点是：需要设法使他人同意自己的观点，一般来说，从业者需要对别人的心理和反应有较强的判断能力，并且善于影响他人。劝说型的职业有教师、咨询人员等。

及时型。及时型职业的特点是：常常需要镇定自若地处理突发问题。及时型的职业有飞行员、救生员等。

经验决定型。经验决定型职业的特点是：常常需要按自己的经验做出决策。经验决定型的职业有股票交易员等。

事实决定型。事实决定型职业的特点是：需要根据客观事实做出判断和决策。事实决定型的职业有科学家、证券分析师、科技人员等。

自我型。自我型职业的特点是：需要用张扬自我的办法来体现自己的价值。自我型的职业有画家、音乐家、作家等。

孤独型。孤独型职业特点是：需要独立进行工作。孤独型的职业有编辑、手工艺专家等。

严谨型。严谨型职业的特点是：需要按照严格的规则和步骤来完成工作，注重细节。严谨型的职业有会计、统计员、图书管理员、档案工作者等。

### （三）能力与职业能力

1. 能力

一个人要顺利完成某种活动，需要能力。一个人特别擅长的某项或几项能力就是这个人的能力特长。能力特长是一个人在职业活动中的核心竞争优势，是其职业选择和职业成功的重要基础，直接影响职业活动的顺利开展以及职业活动效率的高低。

2. 能力的分类

能力可分为一般职业能力和特殊职业能力。一般职业能力，是指观察、记忆、思维、想象等能力，是人们完成任何活动所不可缺少的，是能力中通用的部分。特殊职业能力，是指人们从事特定职业或专业所需要的能力，如音乐从业人员所需要的听觉表象能力，运动从业人员所需要的行为协调能力。人们从事任何一项专业性活动既需要一般能力，也需要特殊能力。二者的发展也是相互促进的。

3. 职业能力的要求

每个人都有不同的能力、特长，例如，有的人擅长言语交谈，有的人擅长实际操作，有的人擅长理论分析，有的人擅长事务性工作。不同职业对人的能力、特长有不同要求，在求职活动中只有准确地认识自己的能力、特长，才能找到一份与自己能力特长相符合的职业，才能学以致用，才能善待自己，最终发展自己。

**[案例思考]**

陈景润这位数学界的大学问家，曾经当过中学数学教师，但却是一个不大受学生欢迎的教师。他的学习能力极高，有超常的记忆能力、注意能力、想象能力、思维能力，有高于常人的数学能力，但他人际交往能力和组织管理能力不是特别强。这种能力特征，使他能成为一名攀登科学高峰的数学家，却不能成为一名优秀的中学数学教师。

4. 职业能力的提高

也许一个人开始时不具备某种职业能力，但只要刻苦训练，这项能力是可以获得的，并在以后的职业实践中得到发展和提高。因此，在校生要珍惜在校的学习机会，积极参加专业技能训练，有意识、有计划地提高自己的职业能力。

［资料链接］

### 职业能力的种类

1. 社会交往能力：指擅长人与人之间的相互交往、相互联系、相互帮助、相互影响，从而实现协同工作或建立良好人际关系的能力。

2. 组织管理能力：指擅长组织和安排各种活动，以及协调参加活动者之间人际关系的能力。

3. 动手能力：指手、手指、手腕能迅速而准确地活动和操作小的物体的能力。

4. 运动协调能力：指眼、手脚、身体迅速准确地做出精确的动作和运动反应，身体能跟随着眼睛所看到的东西迅速行动，进行正确控制的能力。

5. 运算推理能力：指能迅速而准确地运算，并同时能进行推理，从而解决应用问题的能力。

6. 语言能力：指对词、句子、段落、篇章的理解能力，以及能清楚而正确地表达自己观念的能力。

7. 空间想象能力：指对立体图形以及平面图形与立体图形之间关系的理解能力。

**（四）行为习惯**

1. 行为习惯

行为习惯是一种定型的行为，是长期积累、反复强化的产物，是经过反复练习而养成的语言、思维、生活等行为方式。它一经形成，便自然而然地体现在人们的行为中，既不需要别人提醒、督促，也不需要自己的意志努力。一个人一天的行为中，大约5%属于非习惯性的，剩下95%的行为是习惯性的。

行为习惯按性质可分为好习惯、坏习惯和中性习惯，按内容可分为学习习惯、生活习惯、思维习惯、遵纪习惯等。

2. 行为习惯的力量是惊人的

人的行为习惯将影响学习的效率，以及求职、工作的顺利和生活的幸福程度，它以一种无比顽强的姿态干预人们的方方面面。良好的行为习惯能推动人们奔向成功，不良的行为习惯拉扯人们滑向失败。

［案例思考］

一家要求很高的外资企业招工，一些学历水平、身高相貌等客观条件都很不错的年轻人，过五关斩六将，进入到最后一关——面试。可是，未曾想到，没有提问，没有出题，短短10分钟，他们都失败了。原来总经理借故离开了10分钟，这些年轻人便得意非凡，围着总经理的大写字台，看看这个材料、翻翻那个资料。10分钟后，总经理回来了，说："面试已经结束。"他们纳闷，总经理说："很遗憾，你们没有一个人被录取，因为公司从来不录取那些乱翻东西的人。"

3. 良好行为习惯的养成

在校生要努力养成良好的行为习惯。美国著名心理学家威廉·詹姆士（William James）说过一段非常精彩的话："播下一个行动，你将收获一种习惯；播下一种习惯，你将收获一种性格；播下一种性格，你将收获一种命运。"昨天的行为习惯已经造就了今天的我们，而今天的行为习惯决定着我们的明天。所以，在校生要勇于解剖自我，继续保持好的习惯，努力改掉不良习惯，为自己将来的求职、就业、幸福生活做好准备。

**[想一想]**

你的日常行为习惯中有哪些不良的习惯，你打算如何改变？

**（五）职业价值取向**

1. 职业价值取向是人们谋取一份职业的社会行为目的

在职业活动中，有的人希望提升社会地位，得到社会认同；有的人希望工作有弹性，可以自由掌握自己的时间和行动；有的人希望能明显有效地增加自己的收入，重视财富的不断增加。一般来说，绝大多数人的职业价值取向不是单一的，而是多种综合的。

2. 在校生要树立正确的职业价值取向

在求职活动中，职业价值取向决定一个人的就业方向和职业行为，影响人的职业态度，也是人在从业过程中的驱动力。因此，在校生要树立正确的职业价值取向，让职业价值取向既符合社会的需要，又符合自身实际，还要与工匠精神相一致。

**[案例思考]**

设计专业学生小凤学习刻苦、品学兼优，在校是学生社团活动的核心人物，多次被评为三好学生、优秀学生干部。她就业时面临两种选择：一是去叔叔的公司做财务工作，既稳定又有一定的发展前途，月薪5 000元，做好以后还会提高；二是去一家广告公司当平面设计员，月薪2 800元。小凤在"钱途"与"前途"的比较中做出了选择，她说服了父亲和叔叔，去广告公司从事与自己专业相关的平面设计工作。小凤谦虚好学、努力肯干，很快得到了老板和同事的认可，转为正式员工后，小凤月薪涨到了 3 800 元。有一次，小凤发现公司已通过的一项设计是抄袭一位著名设计师的设计。这时小凤很犹豫，是跟公司说明真相，避免一旦刊登出来可能引发的官司？还是装作不知道听天由命？因为这个设计是自己在公司的好朋友做的，说出去也许这个朋友就没有了。

小凤觉得人际关系固然重要，但不能置道德、责任于不顾。小凤左思右想后，主动找了朋友，劝其同公司说明了设计的真实出处。最终，公司换下了朋友的设计。

转眼工作了三年，小凤已经有了丰富的经验和客户源。一家著名广告公司找到小凤，请她做平面设计部主管，月薪 8 000 元外加提成。

但是小凤想创业，因为创业能提高自身的能力，于是她注册了一家美丽平面设计室。两年后，小凤已经从一个刚踏入社会的毕业生转变成一个成功的创业者。

[资料链接]

## 常见的职业价值取向

1. 成就感：希望提升社会地位，得到社会认同，追求成功，重视旁人对自己的评价。

2. 道德感和使命感：看重所从事职业在社会发展中的作用，将个人职业生涯发展与社会发展的目标紧密结合，愿意为社会和他人贡献一份力量。

3. 美感：能有机会多角度地欣赏周围的人和事物的美，有机会展现美和创造美。

4. 挑战感：能有机会运用自己的聪明才智解决困难，能突破传统方式，用创新方法处理事务。

5. 健康：能让自己免于焦虑、紧张和恐惧，希望能够平心静气地处理事情，追求身心的健康。

6. 收入与财富：所从事的职业能明显、有效地增加自己的收入。

7. 独立性：工作有弹性，可以掌握自己的时间和行动，自由度高。

8. 家庭和人际关系：看重自己所从事的职业对家庭的影响，关心、体贴家人和他人，愿意协助他人解决困难，重视人际关系的和谐。

9. 欢乐：能享受人生，结交朋友，追求职业活动中的欢乐感。

10. 权力：能够影响或控制他人，让他人照着自己的意愿行动。

11. 安全感：能满足基本需求，职业稳定，有安全感，发生突如其来的职业变动的可能性小。

12. 自我成长：所从事的职业，有利于知识、能力的提升，有利于人生经验的积累，有利于职务的晋升。

13. 协助他人：看重自己的行为使他人受惠，看重自己的付出有助于所在团体的发展。

## 三、认识自己的方法

认识自己其实是件很困难的事，一个人想彻底认识自己难度更大。眼睛长在身上，喜欢用来观察外界事物，自身往往成了盲点。那怎样才能准确客观地认识自己？这需要掌握并运用一些科学的方法。

### （一）自我测评

自我测评就是在自我观察、自我回顾以及与他人比较的基础上，对自己的性格、兴趣、能力、特长各个方面进行认真分析、评估，以明确自己的优势与弱点，并能对自己的潜能进行分析。这一过程并不是天马行空，而是建立在自己待人处事的成败经历上。

### （二）职业测评

职业测评是心理测评的一个分支，是一种了解个人与职业相关的各种心理特质的方法。

1. 职业测评的作用

职业测评是通过一系列的科学手段对人的一些基本心理特质（能力素质、个性特点、兴趣爱好等）进行测量与评估。通过测量、评估，分析测评者的各种特点，帮助测评者进行职业选择。职业测评是一种有效认识自己的手段。平常人们都会对自己有一个感性的认识，但实际上并不明确，也并不一定十分准确。通过职业测评，可以更好地认知真正的自己。

2. 职业测评的形式

常见的职业测评的类型主要有五类：（1）职业兴趣测评：了解个人对职业的兴趣，即“你喜欢做什么”；（2）职业价值取向测评：了解个人在职业发展中所重视的价值观以及驱动力，即“你要什么”；（3）职业能力测评：考察个人基本或特殊的能力素质，如逻辑推理能力、口头表达能力，即“你擅长什么”；（4）职业性格测评：考察个人与职业相关的性格特点，即“你是怎样的一个人”；（5）职业发展评估测评：主要是评估你的求职技巧、职业发展阶段等。

3. 职业测评的发展

职业测评兴起于20世纪初，现已成为最有效、最客观的职业测评手段。很多大公司在人员甄选、安置和培训方面使用职业测评，而且越来越多的中小公司也正加入到这一行列中来。在我国，随着近年来就业形势的变化，职业测评也越来越引起人们的关注。如果想借助职业测评达到了解自我的目的，应选择科学的职业测评工具。科学的职业测评工具是客观化、标准化的问卷，它的科学性、客观性、可比较的功能是其他了解自我的方法所不具有的。但是应注意辨别网络上职业测评题的质量。

**（三）他人测评**

“当局者迷，旁观者清”；“不识庐山真面目，只缘身在此山中”。人们对自己的优缺点和长短处往往不是很明确或者带有主观色彩，所以我们在认识自己的过程中，应该主动听取家长、朋友、老师、同学等多方意见，请他们对自己的情况做客观评价，在他人的评价中认识自己。当然，在尊重他人评价的同时，还要进行冷静地分析，做到不忽视，也不盲从。

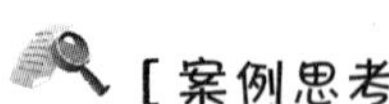

**[案例思考]**

小王是计算机专业的学生，对计算机网络方面很感兴趣，专业课学得也不错，但是因为听说营销工作工资高，就想找营销方面的工作。他到好几家公司参加面试全都没成功，后来去一家保险公司面试也被淘汰。看到同学们都找到了满意的工作，小王感到非常沮丧。他到心理咨询室做了职业测试，辅导老师通过分析，认为小王不适合从事营销方面的工作，而比较适合从事操作技术类工作。因此，建议他不要把工资收入作为求职的首要条件，应找一份适合自己的工作。小王改变了求职方向，几天后就在一家公司通过了面试，找到了一份网络维护方面的工作，而且干起工作来又开心，又顺手。两年后，小王晋升为该公司的网络主管，工资也提高了。

**[拓展训练]**

1. 自我测评分析。

我的兴趣是：______________________________；

我的性格是：______________________________；

我的职业能力是：__________________________；

我的职业价值取向是：_______________________；

我心仪的职业是：__________________________；

心仪职业的要求是：________________________。

根据测评分析制订出今后的努力计划。

2. 上网查找一份职业测试试卷，然后对自己进行测评。

3. 阅读下面故事，谈谈你的看法。

著名物理学家爱因斯坦曾收到以色列政府机构的一封信，信中邀请他去当以色列总统。在一般人看来，能当上总统，自是荣幸之至了。但出乎人们意料的是，爱因斯坦拒绝了。他说："我整个一生都在同客观物质打交道，既缺乏天生的才智，又缺乏经验来处理行政事务以及公正地对待别人。所以，本人不适合担当高官。"不久，爱因斯坦在报上发表声明，正式谢绝出任以色列总统。爱因斯坦认为："当总统可不是一件容易的事。关于自然，我了解一点；关于人，我几乎一点也不了解。我这样的人，怎么能担任总统呢？"

## 第二节 评估职业环境

**[生活实例]**

技校毕业的小陈，以优异的成绩考入中国银行某支行，捧上了同龄人羡慕不已的"金饭碗"。2000 年 5 月，她做出惊人之举——毅然辞去银行工作，开办了一家汽车脚垫厂，继而开办广告装潢公司。几年后，小陈返乡创办了服装厂。

2003 年初，她注册成立了自己的养殖公司，建成了当地一流的高标准养殖基地。

2009 年 11 月，她又注册了一家公司，全面启动旅游产品的研发、设计、制造、销售，努力填补当地无高档次旅游产品的空白。公司主打吃渔家饭、住渔家院、感受渔家风情的休闲农业与乡村旅游特色品牌，2012 年被评为"全国休闲农业与乡村旅游示范点"。

每个人都处在一定的环境中，离开这个环境，便无法生存和发展。小陈的事业正是在她不断评估职业环境中得以发展。所以，技工院校学生在择业求职时，要充分了解职业的环境，分析评估环境条件的特点、发展变化情况，辨别环境因素中对自己有利的条件与不利的条件。这些环境因素包括家庭状况、区域经济发展动向，以及行业发展状况等。只有充分了解这些因素，才能做到在复杂的环境中趋利避害，使自己顺利实现就业，并在职业活动取得成功。

## 一、家庭状况

家庭是人生活的重要场所，一个人的价值观、行为模式都会受其家庭生活和家庭成员潜移默化的影响。

### （一）家庭状况影响着人对职业的选择

家庭经济状况、社会关系、家庭成员的职业价值观及健康状况等都会直接或间接地影响着人的职业选择。首先，家庭教育方式的不同，造成人们对客观环境的认知不同。其次，父母的职业是孩子最早观察模仿的对象，孩子必然会得到父母职业技能的熏陶。因而，在现实生活中，常常会看到诸如艺术世家、教育世家、商业世家等现象。最后，父母的价值观、态度、行为、人际关系等会对子女的职业评价及职业选择产生深刻影响。如父母对某种职业的看法、偏好以及期望都会影响子女对职业的认识与选择，进而产生对某种职业的期待或排斥。有些家庭更是有意识地培养子女对特定职业的兴趣，主动发展孩子从事该职业的能力，长此以往，随着孩子年龄的增长，孩子就会不自觉地进入某种职业角色。例如，在父母比较尊师重教的家庭中长大的孩子，他们长大后会比较乐意选择教师这个职业。

**［案例思考］**

小敏从小跟随开快餐店的父母经常搬家，学习经历就像打游击。她对学习很头疼，上课铃声响后，老师开始讲课，她听着听着不知不觉就会上下眼皮打起架来。但看父亲炒菜却很精神，有时帮助父亲洗菜、切菜，一个小时、两个小时都不觉得过得慢，而且认真细致，乐在其中。小敏初中毕业，到了择校的时候，小敏对自己进行了自我测评，很坚定地选择了某技工学校厨师班。

### （二）家庭状况对职业活动的影响明显

家庭成员之间的关系是否和睦、孩子的成长状况以及家庭收入、亲人健康等情况都会对人的心理及职业发展产生影响，不同的家庭情况会产生不同的影响。和谐幸福的家庭环境为一个人从事职业活动提供了强有力的保障。

## 二、区域经济状况

我国是一个发展中国家，区域经济发展的特点和水平也各不相同。在校生择业求职要从两方面关注区域经济状况，一是拟就业区域的经济特点，二是家乡经济与拟就业区域经济的对比情况。根据这些情况制定出择业求职的方案。只有这样才能抓住机遇，扬长避短，尽快实现就业，并在今后的职业活动中获得成功。

**[案例思考]**

小杰出生在景色秀丽、生态宜人、旅游资源十分丰富的地方。初中毕业后，她毫不犹豫地选择了某职业院校旅游服务与管理专业。在校期间她努力学习专业知识，不断提高自己的英语水平与普通话水平，常常利用节假日到一些景区实地观察学习导游如何带队及解说景点，锻炼自己的实践能力。2014 年小杰代表学校参加当地技能大赛，获导游组一等奖。毕业后小杰先在景区当解说员，后“跳槽”到一家旅行社做导游，2016 年考取了导游资格证书。也是这一年，当地政府提出了打造地区重要旅游休闲基地的战略目标，于是小杰创办了属于自己的旅行社。现如今他以“网络化”“品牌化”为发展目标，其优质的服务赢得了游客的高度赞赏，小杰的事业也芝麻开花节节高。

**[想一想]**

你家乡的经济发展有什么特色？选择在家乡发展有什么优势？

## 三、行业发展状况

在校生的择业求职与行业的发展息息相关。选择什么样的行业，就会有什么样的发展空间。行业发展为个人发展提供施展才华的舞台，关注与把握行业发展动态，借行业发展提供的机遇发展自己，有助于自己事业获得成功。

关注行业发展，一是关注本行业出现的新技术、新工艺；二是关注本行业产生的新职业、新岗位；三是关注本行业与相关行业之间的动态关系；四是关注国家、地方和外资对本行业及相关行业的投资动向。了解前两方面动态，能及时按新标准提升职业能力，使自己站在行业前沿不被淘汰，对于岗位成才有重要作用；了解后两方面动态，能把握行业发展趋势，发现新机遇，对于创业十分重要。无论从哪个角度关注行业发展动向，均应着眼于职业的可持续发展。

**[案例思考]**

小张毕业于某技工院校，在学校学的是机电专业。在校期间，小张对机械、电子类产品有着浓厚的兴趣。毕业后，他由学校推荐至县城一家电器厂工作。一年后，小张不满足现状，又孤身闯荡到某大城市，在一家生产传感器的企业打工。积极上进的小张在工作期间，深感知识匮乏，于是又报名参加了夜大电气自动化专业学习。

经过几年的工作和学习，小张初步掌握了传感器原理，并迷上了传感器。在工作中他关注传感器行业的发展，深感传感器行业前景光明。于是辞去工作，创办了一家生产传感器的公司，随着业务的不断扩大，在传感器行业中逐渐小有名气。

职业环境是职业发展的外部约束条件。在校生只有在认识自己的基础上，认识职业环境，才能在择业求职时，找到既适合自己又符合职业环境的职业。“机遇总偏爱那些有准备的人”，因此，在校生在校期间应从品德、知识、能力等方面不断充实和完善自己，提高自身的综合素质，发现机遇，抓住机遇，走向成功。

**[拓展训练]**

1. 上网查阅与自己所学专业有关的行业新技术、新工艺、新职业和新岗位。

（1）新技术：________________；

（2）新工艺：________________；

（3）新职业：________________；

（4）新岗位：________________。

2. 职业活动的成功离不开一定的外部环境，请分析一下影响自身发展的环境因素。

| 环境因素 | 优势 | 劣势 |
|---|---|---|
| 家庭环境 | | |
| 人际关系 | | |
| 区域经济状况 | | |
| 行业发展状况 | | |

# 第三节 设计职业生涯

**[生活实例]**

小吴因为中考成绩不理想，无奈地进入某技工学校电工专业学习。学完学校开设的职业生涯规划课后，小吴暗下决心："我要在电子行业冲出一番天地来！"他将自己的职业生涯分为四步。第一步，在校努力学习，考取中级电工证；第二步，毕业后到电工企业努力工作，同时钻研专业知识，提高业务水平；第三步，在技术上能独当一面；第四步，创办电气设备安装公司。小吴在校认真学习，毕业后努力工作，目标一步步地成为了现实。他凭着自己掌握的技术，创办了自己的电气设备安装公司，承包电气设备安装工程等，公司年产值现已达到500多万元。

职业生涯的发展是有规律的，每个人的职业生涯又是各不相同的。因此，在校生要在认识自我、了解环境的基础上，设计出属于自己的职业生涯，并在生涯目标的引导下，走出辉煌的人生。

## 一、职业生涯的发展阶段

生涯是一个人一生的经历，职业生涯是指一个人一生从事职业活动的经历。

### （一）朦胧阶段

朦胧阶段大体上可以界定在14岁以前这一年龄段上。在这一阶段，个人通过对家庭成员、朋友、老师的认同以及与他们之间的相互影响，逐渐建立起了自我的概念。在这一阶段的初期，角色扮演是极为重要的，在这一时期儿童将尝试各种不同的行为方式，而这使得他们形成了人们如何对不同的行为做出反应的印象，并且帮助他们建立起一个独特的自我概念或个性。到这一阶段的末期，进入青春期的青少年（这些人在这个时候对他们自己的兴趣和能力已经形成了一些基本看法）就开始对各种可选择的职业进行现实性思考了。

### （二）探索阶段

探索阶段发生在一个人15～24岁。在这一时期中，个人将认真地探索各种可能的职业。他们试图将自己的职业选择与其个人兴趣和能力匹配起来。在这一阶段的初期，他们往往做出一些带有试探性质的较为宽泛的职业选择。然而，随着个人对所选职业以及对自我的进一步了解，他们的最初选择往往会被重新界定。到了这一阶段的末期，一个看上去比较适合的职业就已经被选定，他们也已经做好了开始工作的准备。

#### （三）确立阶段

确立阶段发生在一个人25~44岁，它是大多数人工作生命周期中的核心部分。有些时候，个人在这期间（通常是希望在这一阶段的早期）能够找到适合的职业并全力以赴地投入到有助于自己在此职业中取得永久发展的各种活动之中。人们通常愿意（尤其是在专业领域）早早地就将自己锁定在某一个已经选定的职业上。然而，在一般情况下，这一阶段人们仍然在不断地尝试不同的职业以找到适合自己的职业。

#### （四）维持阶段

到了45~65岁这一年龄段上，许多人就进入了维持阶段，发展速度慢了下来，不再像以前一样追求不断成长，同时还会面对新的人员的挑战，因而他们的主要精力放在继续维持其既有的成就与地位方面。在这一职业的后期阶段，有的人会逐渐成为本领域的“大家”，并创出一片属于自己的天地。

#### （五）隐退阶段

由于生理及心理机能日渐衰退，大部分人会丧失职业能力，进入职业衰退时期，最终退休，隐退职场。但他们对社会的贡献仍可继续，他们可以通过回顾职业生活，以讲授、写作、聊天等多种方式，发挥余热，指导和影响年轻人的职业生涯发展。

上述五个阶段中，“朦胧”“探索”两个阶段是职业的准备时期，是个人通过身心发展和对职业的探索与技能的学习，为今后择业就业奠定基础的时期。“确定”“维持”两个阶段是职业的黄金时期，劳动者应十分珍惜这两个阶段的光阴，使自己的职业生涯更加灿烂。

### 二、职业生涯规划的作用

#### （一）职业生涯规划

职业生涯规划又叫职业生涯设计，是指在对个人职业生涯的主客观条件进行测定、分析、总结的基础上，对自己的兴趣、爱好、能力、特点进行综合分析与权衡，结合时代特点，根据自己的职业倾向，确定其最佳的职业奋斗目标，并为实现这一目标做出行之有效的安排。

“上进之心，人皆有之”，人人都期盼事业成功。然而，事业的成功，并非人人都能如愿，问题何在呢？如何做才能使事业获得成功呢？职业生涯规划为我们提供了一条走向成功的路径。

### （二）职业生涯规划的作用

1. 职业生涯规划可以帮助自己确定职业发展目标

职业发展目标是职业发展的导航标。职业生涯规划的重要内容之一是对个人进行分析。通过分析，认识自己，估计自己的能力，评价自己的智力；了解自己的性格，判断自己的情绪；找出自己的特点，发现自己的兴趣；明确自己的优势，衡量自己的差距。通过这些分析，定身量制自己的职业发展目标，使自己的才能得到充分发挥。

2. 职业生涯规划是鞭策学习、工作的动力

当你制定了职业生涯规划之后，就有了明确的目标和相应的行动计划。明确的目标是努力的方向。有了目标的感召，在行动中就可避免盲目性和被动性，同时也鞭策你行动。规划与现实的差距会产生学习、工作动力。当你把这些规划一步一步转为现实，就尝到了成功的喜悦，也有了继续努力的动力。当你在学习、工作中遇到困难，情绪低落，却步不前时，明确的目标和相应的行动计划会激励、鞭策你继续前行。有一点很重要，规划必须是具体的、可以实现的，否则，就会降低积极性，失去应有的鞭策作用。

3. 职业生涯规划是提升竞争能力的策略

当今社会充满着激烈的竞争。物竞天择，适者生存。凡事“预则立，不预则废”。生涯发展要有计划、有目的，不可盲目地“撞大运”，设计好自己的职业生涯规划，明确职业生涯的发展重点，在学历提升、技能提高、素质发展等方面步步为营，运用科学的方法、采取可行的步骤与措施，落实到自己的行动中，不把精力糊涂地浪费在小事情上，这才是积极应对竞争、提升能力之策。

4. 职业生涯规划是不断评估自我、调整自我的手段

职业生涯规划是提供自我评估的重要手段。一个人在不同发展阶段都要对自己的过去、现在和未来进行审视、评估，评估就是根据规划的进展情况评价目前取得的成绩。当没有达到预期的成绩时，就要反思自己，并不断调整自己，及时纠错、纠偏，匡正自己的行为，让自己在职业发展中少走弯路，节省时间和精力，为自己的每一个职业阶段创造最大的成就感和满足感。

只有善于对自己的职业生涯进行规划的人，才能有正确的前进方向和有效的行动措施，才能充分发挥自我管理的主动性，才能充分提升自己的竞争力，才能在职业生涯中取得好业绩。

## 三、职业生涯规划的步骤

职业生涯规划的内容尽管因人而异，但在规划个人职业生涯时所要考虑的要素却是基本相同的，一般包括个人的实际情况、职业环境、追求目标等。职业生涯规划一般可分为

七个步骤。

### （一）确定职业理想

理想是人们对未来事物有根据、合理的想象和希望，理想是人生道路前进的指路明灯。职业理想是个人对未来所从事的职业的向往和追求，职业理想是职业生涯发展的动力。所以，在制订生涯规划时，首先要确定职业理想，这是规划职业生涯的关键。

### （二）评估自己

自我评估的内容包括自己的兴趣、性格、能力特长、行为习惯、价值取向和身体状况等。自我评估的方法前面已介绍很多，这里再介绍一个“5W分析法”，即通过分析使自己明白：我是谁（Who am I）？我想做什么（What do I want to do）？我能做什么（What can I do）？环境允许我做什么（What can support me）？我的职业生涯目标是什么（What can I be in the end）？在此基础上，选定适合自己发展的职业生涯路线，制订正确的行动计划和措施。

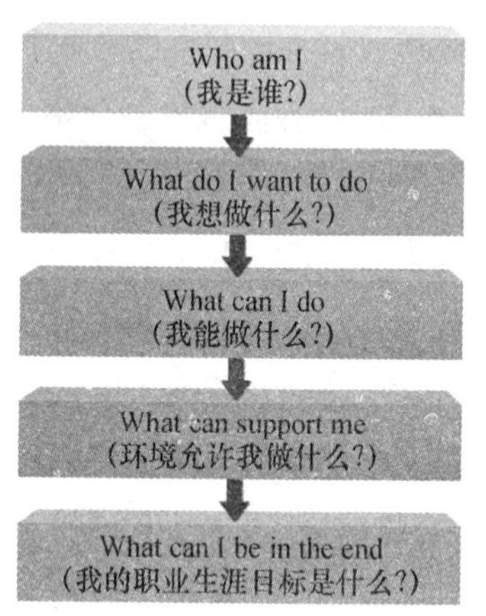


### （三）评估职业生涯环境

职业生涯环境包括家庭环境、区域经济发展状况和行业发展状况。评估职业生涯环境，主要是评估各种环境因素对自己职业生涯发展的影响。每一个人都处在一定的环境之中，离开了这个环境，便无法生存与成长。所以，在制定个人的职业生涯规划时，要分析环境条件的特点、环境的发展变化情况、自己与环境的关系、自己在这个环境中的地位、环境对自己提出的要求，以及环境对自己有利的条件与不利的条件等。只有对这些环境因素充分了解，才能把握环境中的优势，使职业生涯规划符合实际。

### （四）明确职业方向

职业众多，在自己所学专业对应的职业群中，哪个才是适合自己的呢？职业选择正确与否，直接关系到人生事业的成功与失败。不同职业可获得的待遇、名望、成就感和工作压力及劳累程度都不一样，这就看个人的选择了。选择最好的并不一定适合自己，选择适合自己的才是最好的。

### （五）确定职业生涯阶段目标

职业由许多相近的岗位组成，每一岗位都有相应的素质要求和责任。职业生涯目标有岗位的升迁、技术等级的提升、就职单位的变化等。职业生涯目标的设定，是职业生涯规划的核心。一个人事业的成败，很大程度上取决于有无正确的目标。一个人没有目标，就如同驶入大海的孤舟，没有方向，不知道自己走向何方。只有确立了目标，才能明确奋斗方向，目标犹如海洋中的灯塔，引导你避开险礁暗石，走向成功。职业生涯目标通常分短期目标、中期目标、长期目标。短期目标一般为一两年，短期目标又分日目标、周目标、月目标、年目标。中期目标一般为三至五年。长期目标一般为五至十年。

**[想一想]**

职业理想与职业生涯目标有怎样的联系？

**（六）选择职业生涯路径**

在职业方向确定后，从一个目标到下一个目标可能有许多途径，由于发展路径不同，实施时所采取的措施也不相同。因此，在规划职业生涯时，须选择好发展路径，以便自己在以后的学习、工作中能沿着预定职业生涯路径前进。

**（七）制订行动计划与措施**

在确定了职业生涯目标和路径后，行动便成了关键的环节。没有行动，目标就难以实现，也就谈不上事业的成功。这里所指的行动，是指落实目标的具体措施，主要包括教育、工作、训练、轮岗等方面的措施。例如，为达成目标，在学习方面，你制订什么样的学习计划来提高你的学习成绩；在工作方面，你计划采取什么措施来提高你的工作效率；在业务素质方面，你计划学习哪些知识、掌握哪些技能来提高你的业务能力；在潜能开发方面，你计划采取什么措施开发你的潜能等。可根据“近细远粗”原则制订计划、措施。计划、措施要明确、具体，可操作，以便在执行时能定期检查。

## 四、职业生涯规划的评价

评价职业生涯规划的目的在于检查自己职业生涯规划的可行性，以及其是否对自己发展有激励作用。所以在评价职业生涯规划时，要抓住它的灵魂——发展，始终围绕规划能否促进个人提高，进而实现自己的职业生涯发展目标而进行评价。

**（一）职业生涯规划评价的要素**

1. 清晰性。目标措施是否清晰明确？实现目标的步骤是否快捷？

2. 变动性。目标或措施是否有弹性或缓冲性？是否能依据环境的变化而调整？

3. 一致性。主要目标与分目标是否一致？目标与措施是否一致？个人目标与组织发展目标是否一致？

4. 挑战性。目标与措施是否具有挑战性，还是仅保持其原来状况而已？

5. 激励性。目标是否符合自己的性格、兴趣和特长？是否对自己产生内在激励作用？

6. 合作性。个人目标与他人目标是否具有合作性与协调性?

7. 全程性。拟定生涯规划时，是否考虑到生涯发展的整个历程?

8. 具体性。生涯规划各阶段的路线划分与安排，是否具体可行?

9. 实用性。实现生涯目标的途径很多，在做规划时是否考虑到自己的特质、社会环境、组织环境以及其他相关的因素?

10. 可评量性。规划的设计是否有明确的时间限制或标准，易评估、检查，方便自己随时掌握执行状况，并为规划提供参考依据?

**（二）评价职业生涯成功的标准**

不同的人对职业生涯成功的理解也不同，有人认为是财富的多寡，有人认为是地位的高低或权力的大小，也有人认为是被人认同或实现自我等。虽然每个人的理解各不相同，但有一点却是一样的：职业生涯发展取得成功有自我价值实现的成就感。每个人都有自己不同的价值取向，不同的价值取向决定了职业生涯成功的不同标准。作为在校生，在设计职业生涯时，要考虑职业生涯成功的价值取向，要把个人的发展与社会、国家的发展相结合，使自己的职业生涯得到升华。

## 五、职业生涯规划案例

下面是一位技师学院初中起点五年制学生入学第一学期时写的职业生涯规划。

### 未来十年的职业生涯规划

我是计算机网络专业的一名在校学生，面对如今竞争日益激烈的社会，我知道，想要获得优越的物质生活，就要有良好的资质证明自己的实力。只有这样，才能在社会上找到自己的立足点，找到自己的发展空间，否则，将会被社会无情地淘汰。

社会需要各级各类人才，学历只是发展职业的一个条件，社会需要懂技术、动手能力强的人才，这就给予了我们这些技工院校学生更多的机会。因为实际操作和技术应用是我们有别于其他学生的专长。

机会是平等的，但机会终究有限。我相信那句话：机遇总是留给那些有准备的人。所以，我的十年发展计划如下：

第一年：适应学校的生活，熟悉学校环境，努力学习好各门课程。因为我学的是计算机网络专业，所以尤其要重视计算机课和英语课，争取考取计算机一级证书、通过英语应用水平二级考试。本学年争取拿到奖学金。暑假考取机动车驾驶执照。

第二年：集中精力学习专业课。获得计算机二级证书，通过英语应用水平三级考试，获得中级英语口语证书。假期跟老师去企业实践，提高专业技能。

第三年：在获得计算机二级证书的基础上，再考取计算机三级证书，同时准备另学一个专业，如软件设计。

第四年：继续学习，考取计算机四级证书，同时开始学习第二专业。

第五年：边到企业实习，边利用业余时间继续学习第二专业。同时尝试在网上开个店。

第六年：边工作，边开网店。积累更多工作经验，有一定收入积累。收集投资理财方面的信息，做投资准备。

第七至九年：争取工作上获得提升，为获得更好发展，继续学习深造，积累工作经验。

第十年：在资金允许情况下自己创办企业，寻求更大发展。

这一份职业生涯规划首先对自己的专业进行了定位，并以年度为单位罗列出每年的奋斗目标，重点放在学习期间的职业能力准备上，重视专业证书的获取，学习目标明确；在时间序列上，前三年目标和发展过程较为清晰，后期的计划较为概括，符合长期计划先清晰后笼统的一般规律。这份规划的缺点是实现目标的途径还不够清晰。除专业知识外，在校学生还应当具备综合职业素质，这方面的规划没有提及。职业生涯规划要注意培养与职业相关的基本素质，如品德、敬业精神、交往能力、管理能力等，因为职业素质影响职业目标的实现。

［拓展训练］

根据自身的内外部条件，按照前面的职业生涯规划案例，撰写一份“我的职业生涯规划”。

# 第四节　执行调整规划

［生活实例］

核电设备安装与维护专业毕业生小章已在中核公司某核电项目总包部工作了三年，2017 年父亲因病去世，母亲又遇交通事故失去了生活自理能力，为照顾母亲小章不得不放弃在核电站的工作，回到家乡工作。

职业生涯规划执行一个阶段后，要对职业生涯规划进行评估，看看自己通过几年的努力有没有发生变化，环境有没有发生变化，自己与环境是否还相适应，若相适应则继续执行职业生涯规划，若不相适应则要根据自己的实际情况和职业环境的现状对职业生涯规划做出适当的调整。

## 一、职业生涯规划的执行

职业生涯规划设计好后要及时实施，否则再好的规划也只是纸上谈兵，到头来还是一场空。因此，规划制订好后要及时执行。

**[案例思考]**

19 世纪，俄国著名作家冈察洛夫的长篇小说《奥勃洛摩夫》成功地塑造了一个典型人物——奥勃洛摩夫。此人唯一的兴趣是睡觉，白天蒙头大睡，一到了晚上就反省自己：如果总是饱食终日无所用心，我这一辈子就算白活了。于是，他开始构思自己庞大的人生计划，打算从明天开始去做，努力创造一番事业。可是，到了第二天早上，头天的计划被忘得一干二净，他继续赖在床上，不愿起来。到了晚上，继续反思，重新构想未来，下决心第二天一定要一步步地去实现计划。然而，第二天他依然如故，继续睡觉，最后死在了床上。

## 二、职业生涯规划执行情况的检查

定期检查职业生涯规划执行情况是追求职业生涯成功的必要保证。检查的方式有自我检查、请人督促等。

### （一）自我检查

职业生涯规划执行情况的自我检查可以按周、按月、按年进行，检查的内容包括执行进度检查、执行效果核查。通过自查及时发现问题，促进职业生涯规划的完善，确保职业生涯规划执行的效果。

### （二）请人督促

请人督促是落实职业生涯规划的重要手段。在校期间可以请同学、老师督促，工作以后可以请同事、领导督促。

## 三、职业生涯规划的调整

### （一）调整职业生涯规划的意义

俗话说："计划赶不上变化。"影响职业生涯规划的诸多因素中，有的变化因素是可以预测的，而有的变化因素难以预测。在此状况下，要使职业生涯规划行之有效，就必须不断地对职业生涯规划进行评估与调整。调整的内容包括职业的类型、职业生涯的目标，以及实施计划与措施等。

### （二）调整职业生涯规划的时机

1. 初次就业前调整

在实习期间，特别是有了求职实践以后，应根据实习和求职过程中的体验，依据就业市场供需实际，对职业生涯规划进行调整。这时调整应该着重于近期目标和其他阶段目标的调整，也可以是长远目标的调整。

2. 再次就业前调整

新生劳动者首次就业时长一般为2~3年，2~3年后有了从业的经验，就可根据职场环境和自身素质的变化调整自己的职业生涯规划。这时的调整包括职业发展方向的调整。

**［案例思考］**

机械专业毕业的小王在宁波奥克斯公司从事机械加工工作，在首次合同期满时，他谢绝公司领导的挽留，回到家乡，与人合伙承包养殖塘从事青蟹养殖。

### （三）调整职业生涯规划的方法

调整职业生涯规划的方法是：

1. 重新评析自己。
2. 重新评估职场环境。
3. 设定新的职业生涯阶段目标。
4. 构建新的职业生涯路径。
5. 调整行动计划与措施。

职业生涯规划过程是一个动态过程，一个人只有对自己的职业生涯规划进行不断评估与调整，才能使自己的事业走向辉煌。

**[拓展训练]**

1. 你认为职业生涯规划一定要调整吗？如果要调整，何时调整最合适？
2. 你认为调整职业生涯规划过于频繁合适吗？

# 第三章 做好求职准备

机会总是留给有准备的人。只有在求职前做好充足的准备，并以主动积极的态度迎接挑战，你才能抓住机遇，才会获得成功。

作为在校生，在毕业前应掌握沟通技巧，学会选择求职渠道和搜集就业信息，并准备好求职所需的材料，为毕业时择业求职做好充分的准备。

# 第一节　掌握沟通技巧

［生活实例］

数控专业毕业生小李，在学校的安排下到某公司就业。小李在学校期间表现良好，担任学生会干部。在一次上班时，同事拜托小李回宿舍拿点东西。项目主管在路上碰到小李，以为是他自己偷懒跑回来休息，逃避工作，就批评了小李。小李觉得非常委屈，又不知道应该怎么办，一气之下就辞工离开公司跑回家中。你觉得小李这样做合适吗？

当今社会人际沟通是必不可少的。人际沟通是人们开启成功的一把钥匙。无数的事实也证明，善于沟通的人将面临更多的成功机会。

人际沟通是指人与人之间的信息交流过程。人们采用言语、书信、表情、通信等方式进行事实、思想、意见、情感等方面的交流，以达到人与人之间对信息的共同理解和认识，取得相互之间的了解、信任，形成良好的人际关系，从而实现对行为的调节。

## 一、人际沟通的特点

### （一）目的性

人与人之间的沟通，有一定的目的性。比如，你在一个城镇中迷路了，想开口问路，希望能够因此而获得帮助。无论你问的对象是谁，一名警察或是小孩，无论你的语气是和缓或着急，均有一个你所要设法求得的目的存在，那就是你想知道你身处何方，如何找到你要走的路。所以，沟通具有目的性。在人际沟通中，沟通双方都有各自的动机、目的和立场，都会设想和判定自己发出的信息会得到什么样的回答。而双方的动机、目的和立场可能相同也可能不相同，因此，双方在沟通过程中发生的不是简单的信息流动，而是信息的积极交流和理解。

### （二）关系性

在沟通中人们不只是分享信息，也显示彼此间的关系。互动的行为涉及关系中的两个层面，一层是呈现于关系中的情感层面，另一层是人际沟通中关系的控制局面。关系的本质是谁是主控者，其控制层面有互补的也有对称的。在互补关系中，一人的沟通信息可能是支配性的，而另一人的信息则是在接受这个支配性。在对称关系中，人们不同意由某人居于控制的地位，当一人表示要控制时，另一人将挑战他的控制权以确保自己的权力；或者是一人放弃权力而另一人也不愿承担责任。互补关系比对称关系较少发生公开的冲突，但是在对称关系中，权力较可能均等。

**（三）互动性**

人际沟通是一种动态系统，沟通的双方都处于不断的互动即相互作用中，刺激与反应互为因果，如乙的言语是对甲的言语的反应，同时也是对甲的刺激。我们把人际沟通定义为产生意义的互动过程。人际沟通是互动的，因为意义发生于两位参与者之间的原始信息和对信息的反应。要形成一个良性的双向互动沟通，必须包含三个行为：说、听和问。一个有效的互动沟通技巧就是由这三种行为组成的。换句话说，考核一个人是否具备互动沟通技巧，就要看他这三种行为是否都出现，以及这三种行为分别出现的频率。

**（四）可塑性**

因为人际关系沟通好像是与生俱来的能力，所以很少有人注意沟通形态与技巧。有时人们把一些沟通上或态度上的错误认为是“天生的，无法改变的”，却不试着去改变自己错误的沟通态度。但其实沟通是需要学习的，我们要试着去观察周围的人，看看谁的沟通技巧好、谁的态度顽固不堪，我们要从中学习经验和吸取教训。总之，注意学习人际沟通技巧，就能在不断的学习和练习中获益。

## 二、人际沟通的原则

**（一）平等原则**

无论是公务还是私交，人们在人格上都没有高低贵贱之分。切忌因为自己有某种不足而自卑，也不要因为自己有某种优势而趾高气扬，这些心态都会影响人际关系的顺利发展。

**（二）倾听原则**

在人与人的交流过程中，倾听是尊重、肯定、认同对方的一种表现，是对讲话者的一种高度赞美，也是一个人有礼貌的表现，并且倾听能使对方更喜欢你，从而信任你。

用心倾听能鼓励讲话者倾吐他们的状况与问题。另外，倾听者也能够通过仔细倾听，找出对方需要解决的问题，从而精准地给对方提出适合他的解决方案。

**（三）赞美原则**

每一个人都喜欢被人赞美。赞美要及时、具体、真诚，否则会让对方感觉你在说假话。当你真诚、及时、具体地赞美对方的闪光点后，对方就容易喜欢你、认可你，从而也更容易接受你。

**（四）认同原则**

在人与人的沟通过程中，肯定、认同对方是彼此建立信赖感的桥梁。人类行为学家研究发现：在这个世界上你如何对待别人，别人就会如何对待你；你能够一开始认同别人，别人也会认同你；反之亦然。

**（五）建议原则**

在人与人的沟通过程中，有的时候对方可能会有一些缺点、毛病需要改正，但对方自己不知道。这个时候，若采用建议而不是命令、强迫的方式引导对方改正，就会让对方感到被尊重，从而更有利于帮助对方快速地改变自己的不当行为。

**[案例思考]**

服装专业的毕业生小萌，毕业后到了某服装公司工作，由于工作认真负责，前段时间被提拔为车间主任。小萌很是开心，工作更加认真负责了。车间工人在工作时一般不能聊天吵闹，但小萌经常发现有女工边干活边聊天，这时小萌会严肃地对工人说："不要说话！"其结果是，被指正的人常显得不悦，等她一走，又开始讲话了，时间一久，同事们反而不喜欢跟她来往了。

后来，小萌决定改变工作方式。当她发现工人们在讲话时，就问她们是不是累了，要不要休息一下，并且笑着对她们说，休息一下再来工作，边工作边聊天容易出次品。这样沟通的效果果然比以前好得多，也没有工人不高兴了。

## 三、语言沟通方式及技巧

人际沟通方式包括语言沟通和非语言沟通。语言沟通是以语词符号如口头语言、书面语言、图片或者图形为载体实现的沟通。非语言沟通是通过身体动作、体态、语气语调、空间距离等方式进行的沟通。

语言沟通是人际沟通的主要方式，主要有当面沟通、电话沟通和网络沟通等形式。

**（一）当面沟通的技巧**

当面沟通是人际沟通中最为常见，也是最为传统的一种沟通方式。当面沟通更容易了解他人，也更容易暴露人的思想、见识与能力。在校学生应努力提高当面沟通的能力，为进入社会做好准备。

1. 学会倾听

想要实现有效沟通，第一步不是学会说话，而是学会倾听。如果人们能做到认真倾听，对方也会坦露自己的心迹。在实际生活中，人们往往会比较喜欢发表自己的意见，而忽视倾听。但沟通高手在尝试让人倾听和了解之前，会把倾听别人和了解别人列为第一目标。另外，倾听别人说话本来就是一种礼貌，愿意听表示愿意客观地考虑别人的看法，这会让说话的人觉得听者很尊重他的意见，有助于双方彼此信任，从而建立融洽的关系，彼此接纳。

[案例思考]

小乔在向一位客户推销汽车，过程十分顺利。当客户正要掏钱付款时，另一位销售人员跟小乔谈起昨天的篮球赛，小乔一边跟同伴津津有味地说笑，一边伸手去接车款，不料客户却突然掉头而走，连车也不买了。小乔苦思冥想了一天，不明白客户为什么对已经选好的汽车突然放弃了。夜里 11 点，他终于忍不住给客户打了一个电话，询问客户突然改变主意的理由。客户不高兴地在电话中告诉他："今天下午付款时，我同您谈到了我的小儿子，他刚考上大学，是我家的骄傲，可是您一点也没有听见，只顾跟您的同伴谈篮球赛。"小乔明白了，这次生意失败的根本原因是因为自己没有认真倾听客户说话。

2. 说话得体

俗话说："良言一句三冬暖，恶语伤人六月寒。"尤其在现代社会中，得体的话语对于事情的成败有时能起到决定性的作用。只有掌握说话的技巧，才能在关键时刻应变自如，并赢得别人的赞同。

（1）谈话的态度要诚恳、自然、大方，语气要和蔼亲切，表达要得体。

（2）谈话内容事先应该准备好，最好是开门见山地向对方说明来意或交谈的目的，或是寒暄几句后就较快地进入正题。因为现在的生活节奏快，而且人们大都很忙碌，东拉西扯的闲聊比较浪费时间，容易使对方感到厌烦，甚至怀疑你的诚意。

（3）与人交谈时不要轻易打断对方说话。对方讲话时要耐心倾听，目光要注视对方，不要左顾右盼、漫不经心，更不要轻易打断对方说话。自己讲话的时候，要给别人发表意见的机会。

（4）如果对方提到一些不便谈论的问题，不要轻易表态，可以借机转移话题。如果有急事需要离开，或者需要接听手机，要向对方打招呼，表示歉意。

**（二）电话沟通的技巧**

在现代社会，人们早已离不开电话，电话已然成为人们生活的一部分，人们可能每天都会接听或拨打电话。虽然打电话看似简单，但是其实也是有讲究的，特别是在某些场合，打电话是很有技巧的。

1. 接电话的技巧

（1）在电话铃响的第三声接电话是比较妥当的，接听电话过早或过迟都是有些失礼的。接听电话时的语言尽量使用“请”“请稍等”“谢谢”“对不起”“再见”等；同时注意使用合适的问候语，如“早上好”“下午好”“晚上好”或“您好”等。接听陌生电话时可先确认对方是谁，然后致意问候，比如“对不起，请问您是哪一位？……您好!”等。

（2）在接听电话过程中，要放下手头其他事情，一边接听电话一边做好记录。不要在接听电话的同时做其他事情，如吃东西、打字、阅读资料等。如果碰到电话要找的人不在或正在忙着其他事不能抽身，不要只简单地告诉对方不在或正忙，而是应该给打电话的人提供帮助，如“对不起，王先生现在不在，如果您愿意的话，请留下您的姓名和电话号码，我让他打电话给您，您看行吗？”等。如果需要对方留下信息，不要以要求的方式让对方提供信息，不要说：“你叫什么名字？”或“你的电话号码是多少？”要说：“请问我可以知道您的名字吗？”“王先生，能否告诉我您的电话号码？”

（3）在通话要结束前，应该让对方感受到你非常乐意接听电话，表示谢意并道“再见”；要等对方放下话筒后，再轻轻放下话筒。不要在对方还在说话时就挂断电话，这是很不礼貌的。

2. 打电话的技巧

（1）通话工具的选择。电话有固定电话和移动电话，为确保通话效果，通话工具最好选择固定电话。

（2）通话时间的选择。如果往对方家里打电话，最好不要在早晨8点以前、晚上10点以后打；如果往对方的单位打电话，最好要避开刚上班和临下班的这段时间，因为这时候对方容易因刚上班有事或准备要下班而心情不稳定，谈话可能不能好好继续；如果对方在开车、吃饭或有重要事情时，都不太方便谈事情。

（3）如果你需要打电话与人谈论事情，最好事先准备好笔和纸及相关资料，写下要说的事情及次序。电话打通后，要先告知对方自己的姓名，然后确认对方的名字。要先礼貌地询问对方是否方便之后，再开始交谈。

**[案例思考]**

小郑在网上看到某企业在招聘员工，他拿起电话拨通后，说：“喂，你给我找一下陈主任。”正好那天接电话的人心情不佳，听到这种口气后心情更是不爽，于是很不高兴地说：“他不在。”随即挂掉了电话。

### （三）网络沟通的技巧

网络沟通是借助计算机网络实现人与人之间信息交流的一种沟通方式。网络沟通时，要注意以下几点。

1. 不要随便要求他人加你为好友，除非有正当理由。

2. 在别人状态为“忙碌”的时候，不要打扰。

3. 如果谈工作，尽量简要。

4. 不要随意转发电子邮件，尤其是带附件的电子邮件。

5. 如果不是工作需要，尽量避免群发邮件。

6. 如果对方公布了自己的工作邮箱，那么请不要将与工作有关的邮件发送至对方的私人邮箱。

7. 不要随意给别人发送链接，特别是不加说明的链接。

［资料链接］

### 非语言沟通方式

1. 标记语言。例如：聋哑人的手语、旗语，交通警的指挥手势，裁判的手势，以及人们惯用的一些表意手势，如“OK”和胜利的“V”等。

2. 动作语言。例如：饭桌上的吃相能反映出一个人的修养；一位女士在柜台前，把一件商品拿起又放下，显示出她拿不定主意。

3. 物体语言。总把办公物品摆放得很整齐的人，表示他是个干净利落、讲效率的人；穿衣追求质地、不跟时尚跑的人，表示他有自己的品位和鉴赏能力。

［拓展训练］

1. 请解释下列肢体语言的含义。

（1）二郎腿：________；

（2）手心向上，两手向前伸：________；

（3）皱眉头：________；

（4）脸红：________；

（5）食指和大拇指捏在一起：________；

（6）两手交叉，身体前倾：________；

（7）双臂交叉于胸前：________；

（8）拇指和食指围成一个圈：________；

（9）举起手，手掌向外：________。

2. 到报纸、杂志、网络上找一些招聘广告，寻找适合自己的工作岗位，然后尝试电话求职或网上求职。活动后开展交流、讨论。

3. 案例讨论。

小王学的是机械专业。毕业后，他准备去一家小机械厂上班，但是他的父母不同意，他们希望小王跟他们的朋友学做生意，这样可以赚大钱。但小王很喜欢机械专业，不喜欢做生意处处与人打交道，他很想到机械厂上班，学好技术，将来慢慢发展。

很显然小王与父母产生了分歧。如果你是小王，你该怎样和父母沟通才能获得他们的理解与支持？

# 第二节　搜集就业信息

［生活实例］

小琴是某技工学校动漫专业首届学生。经过近三年的学习，马上要毕业了，小琴心里既高兴又担心。高兴的是马上可以找工作挣钱了，担心的是这个专业在本地没有对口的企业。于是她首先来到学校就业处了解有关就业信息。就业处的老师告知，这个专业是新开专业，在学校就业信息库中还没有这方面的信息，学校正在努力联系。小琴为了心中有底，一方面尝试在网上搜集与该专业有关的就业信息，另一方面请父母及亲戚朋友帮助联系。毕业时，小琴参加了学校联系的宁波某影视动漫公司的面试，获得了心仪的岗位。

在市场经济中，各种各样的就业信息很多，传播速度十分快，劳动者需要在纷繁的信息中捕捉适合自己的就业信息，从而找到属于自己的就业岗位。

## 一、就业信息的来源

就业信息包括宏观信息和微观信息。宏观信息包括国家的政治经济情况，国家或地区社会经济的方针政策，国家对毕业生的就业政策与劳动人事制度的信息，未来产业、职业发展趋势等。微观信息是指具体的就业信息，如用人单位的岗位需求情况、发展前景、工作条件、工资待遇等。

**（一）就业信息的作用**

就业信息对于每一位求职者来说至关重要。就业信息既是求职者择业求职的基础，也是求职者择业求职的重要依据，同时还是沟通求职者与企业的纽带。对于毕业生来说，获取的就业信息越多，择业的视野就越宽广。

**（二）就业信息的来源**

1. 从学校就业指导部门获取

学校就业指导部门的工作人员，一方面为提高毕业生择业求职的水平而努力开展就业指导工作，另一方面也在努力搜集各种就业信息，为毕业生的就业做好准备。因此，毕业生从学校就业指导部门获取就业信息是最直接、最有效，也是最主要的途径。学校搜集的就业信息一般会发布在学校网页或校内的就业信息栏中。

2. 通过政府就业主管部门和人才服务机构获取

各级就业主管部门和人才服务机构，是沟通用人单位和求职者的桥梁和纽带。技工院校毕业生可通过他们组织的定期或不定期的人才交流会、洽谈会、大中专毕业生供需见面会等活动获取就业信息。

3. 从媒体中获取

一些用人单位常常通过报纸、杂志、广播、电视及网站、微信等媒体上介绍本单位的现状、发展前景和人才需求信息。需要注意的是这种信息传播面广、时效性强，但其内容往往比较笼统，如果选用还需进一步了解。

4. 利用实习、社会实践、社交等活动获取

学生在实习、社会实践中能直接与用人单位接触。因此，在校生应利用这些机会，有意识地关注所接触单位的用人需求情况。

5. 从亲朋好友处获取

可以通过家长、亲戚、朋友、老师、同学及他们的亲朋好友获取就业信息。通过这种方法获取的就业信息针对性强，毕业生可以对用人单位进行更具体的了解，易于双向沟通，是一种成功率较高的就业信息来源。

6. 通过打电话获取

这种方法主动性强、盲目性大、准确性低，但是也有成功的可能，在缺乏就业信息的情况下，也不失为一种获取就业信息的渠道。

[想一想]

随着社会的发展，就业信息的来源渠道还将会有哪些变化？

## 二、就业信息的筛选

一般来说，毕业生通过各种渠道所搜集到的原始就业信息都比较杂乱，有相当一部分信息是不适用的，毕业生应根据自己的实际情况和需求，对信息去粗取精、去伪存真，有目的、有针对性地加以筛选处理，使获得的信息准确且适用，从而更好地为自己的求职服务。毕业生可以把通过各种渠道搜集来的信息按地区、性质进行初步分类，再按自己的择业标准进行等级分类，把那些与自己兴趣基本相匹配的单位列为第一等级，作为择业求职的重要选择方向。

值得注意的是，当你筛选出对你无用的就业信息时，应及时与他人交流，做到互通有无。对你无用的信息，对他人可能十分重要。你输出信息，不仅是对他人的帮助，你也可能从他人那里得到对你有用的信息。

[资料链接]

### 如何鉴别真假就业信息

1. 要留心没有刊登企业名称的招聘信息

没有刊登企业名称的单位很可能是没有经过合法登记的公司，或者是某些以招聘为名行骗的中介和公司，他们在业内声名狼藉，不敢以自己的真面目示人。

2. 要留心长期刊登的招聘信息

大家有心的话可以发现，有些招聘信息长期刊登在报纸上，而且待遇优厚。这种招聘信息的真实性大家可想而知。

3. 要留心招聘单位是否只留下电子邮箱或者邮政信箱

个别非法中介为了获取求职者的个人信息，在没有岗位的情况下，通过这种手段获得大量求职者的个人信息，有时还可能把求职者的个人信息出卖给其他公司，从中获利。

4. 要留心招聘单位招聘量是否过大

有的招聘信息给人的感觉就是这是一家新成立的企业，从部门经理、秘书、财务人员到操作工人、保安等岗位统统需要招人。当然不排除新办企业的确有这种招聘需要，但是有很多是非法中介的虚假信息，需要求职者擦亮眼睛去甄别。

5. 要留心传销

现在传销已经有了许多种叫法，有的叫网络销售，有的叫直销等，在很多地方都有，应该注意提防。

## 三、就业信息的运用

只有得到运用的就业信息才是有价值的信息。运用就业信息时，要注意以下两个方面。首先是适时。这是就业信息运用的关键，因为任何一则就业信息都是有时效的。当你认为获得的就业信息是对你适用的，那么你就应及时勇敢地去实施，否则就会出现不是报名人选已满就是用人单位已录用他人的情况，从而使你丧失一次良好的机遇。其次是灵活。因为用人单位的招聘条件不是一成不变的，在招聘过程中由于受某些因素的影响，可能会发生变化。例如，一则就业信息中，要求的身高、学历与你的身高、学历不相符，但其他条件你都符合，且这一职业是你所期盼的，你不妨去试一试。

[拓展训练]

1. 建立一个属于自己的个人就业信息库

| 获取时间 | 企业名称及地址 | 招聘岗位及人数 | 联系人 | 联系电话及 E mail | 联系记录 |
|---|---|---|---|---|---|
| | | | | | |
| | | | | | |
| | | | | | |
| | | | | | |

2. 在就业信息筛选中，假如你发现了虚假的招聘信息，你会怎么办？

# 第三节　选择求职渠道

［生活实例］

临近毕业，同学们在讨论如何才能找到一份适合自己的工作。有人认为，学校与许多企业达成了就业的合作协议，毕业时由学校统筹安排就是；有人认为，企业招聘也挺多的，毕业时选择几个企业去应聘就是；也有人认为，还是参加人才交流会好，在人才交流会上招聘的企业多，选择余地也大……

在市场经济中，劳动者要获得一份职业，渠道有很多，既可以通过组织介绍就业，又可以通过他人介绍就业，还可以通过劳动力市场实现就业。作为在校学生，要了解各种求职渠道，学会选择求职渠道，为将来求职做好准备。

## 一、学校推荐就业

学校推荐就业是技工院校毕业生就业首选的求职渠道，也是我国新生劳动力就业的重要渠道。

### （一）学校推荐就业的程序

学校推荐毕业生就业是学校教育教学工作的延伸。学校在推荐毕业生就业前首先要开设求职指导课或开展求职指导活动，对学生进行就业观念与求职技巧的指导，以端正学生的择业观念，提高学生的求职水平；其次是设计并指导学生制作毕业求职材料（主要是《毕业生求职推荐表》），为推荐毕业生就业做好准备；最后是实施毕业生就业推荐。

学校推荐毕业生时要获取足够多的用人需求信息，以供毕业生择业求职时选用。这需要学校负责推荐毕业生就业的职能部门经常要与可能用人的单位联系，或通过各种招聘会、洽谈会获取就业信息，同时尽可能建立就业推荐工作网络，为学校顺利推荐毕业生就业和增强学校发展后劲奠定良好的基础。

### （二）学校推荐就业的形式

1. 直接向用人单位推荐

学校就业推荐的职能部门，通过各种途径获取就业信息，然后请用人单位来校招聘或将应聘同学送到用人单位面试。其特点是：针对性强，成功率高。

2. 举办校园现场招聘会

由学校出面联系尽可能多的用人单位，用人单位以现场招聘会的形式在同一时间内进行招聘活动。其特点是：（1）组织工作量大，要求招聘单位按约定时间同时来校招聘；（2）全体毕业生都有机会应聘，即使不能被录用，也能得到一次锻炼；（3）对被多家用人单位录用的同学，学校要出面做好协调工作。

3. 实习就业一体化

既可接纳学生实习又可安排就业的用人单位，把毕业实习与用人单位的试用期衔接起来，实行实习就业一体化。其特点是：第一，多适用于就业市场紧需专业的毕业生；第二，就业初期学校要选派教师协助企业管理学生。

4. "订单"就业

"订单"是学校和企业之间所商定的培养合同。培养合同确定人才培养标准、培养计划等，学校按合同与企业共同培养人才。学生毕业后，由企业按合同考核录用。这种就业方式实现了教育与就业的零距离对接。

## 二、市场就业

市场就业是指通过劳动力市场、人才交流会以及各种传媒广告搜集、交流各种人才供求信息，运用市场机制实现求职者与用人单位的双向选择。

**（一）参加政府部门举办的人才交流会**

一般来说，各地人力资源社会保障部门都要定期举办人才交流会、洽谈会，以促进人才的合理流动，为大中专毕业生择业就业创造机会。但是，通过人才交流会能"一锤定音"的却不多。其原因是：第一，在人才交流会上求职者与招聘人员虽然可以直接见面交谈，但由于求职者人多，一般难以详谈，这使招聘者和求职者无法立即做出决定；第二，许多求职者比较慎重，希望去实地察看，然后才做出决定；第三，招聘单位为了从众多求职者中挑选出合适的员工，一般要求求职者先登记并提供求职书面材料，经初选后再约定时间进行面试。

[资料链接]

参加人才交流会的技巧

1. 事先充分了解企业。求职者最好事先了解企业所在行业发展情况，企业的规模、产品等，重点研究本次招聘职位，根据自身条件选择合适的应聘职位，对号入座，不要到现场“抓瞎”，引起招聘人员不满。

2. 做好求职推荐表和简历等。根据职位的要求，制作好求职推荐表和简历等，并复印多份。

3. 赶早不赶晚。很多招聘会供需比例大大失衡，一些企业透露，现场录取率仅有10%左右，竞争非常激烈，有时企业会贴出“某某职位已满”的告示。因此求职者宜赶早不赶晚。

4. 仔细听宣讲会。求职者进入现场，最好能先仔细观看企业的宣传介绍，特别是企业的文化介绍，初步了解企业的用人特点和招聘特点。根据经验，大多职位面试时都会涉及“企业在行业内排名、销售业绩、员工晋升、价值观”等问题。此外，有些企业喜欢有创新力的人才，有些则青睐忠诚的员工，有些强调团队精神，有些看重稳定安分，只有事先了解企业偏好，才能在面试时有的放矢。

5. 注意着装和礼貌。参加招聘会之前可以看些如何面试的材料。

**（二）通过职业介绍所等中介机构介绍就业**

职业介绍所是运用市场机制实现劳动者就业和职业转换的中介机构。职业介绍所一方面为求职者介绍职业，另一方面也为用人单位提供劳动力，在求职者与用人单位之间起到牵线搭桥的作用。民办的职业介绍所是有偿服务的，劳动者若要通过民办的职业介绍所获得职业岗位，应选择信用度高的职业介绍所。

**（三）利用传媒广告实现就业**

现代社会信息高度发达，在网站、电视、报纸、杂志等媒体上招聘广告随处可见，因此，利用传媒广告实现就业也是技工院校毕业生求职的一个可行渠道。但是，由于当前就业市场有关招聘法规还不十分完善，在招聘过程中会出现真真假假、令人眼花缭乱的招聘广告，不法分子也会利用招聘广告来搜集求职者个人信息，如电话、照片等，然后进行非法活动。所以求职者在利用传媒广告实现就业过程中要鉴别信息的真假，防止骗子乘虚而入。

## 三、其他渠道

在市场经济社会中，技工院校毕业生就业除了以上所介绍的两个主要渠道外，还可以采用以下渠道实现就业。

**（一）利用自己的人际关系网实现就业**

你的亲戚、朋友可能在某个单位工作，技工院校毕业生可以借助他们提供的就业信息实现就业。值得注意的是人际关系网中的亲戚朋友，在你的求职过程中只起着推荐、介绍作用，所以你不能强人所难。

**（二）创业**

创业是就业的高级形式。在当前就业形势严峻的情况下，国家鼓励劳动者创业，假如条件许可且本人有创业的打算，你可以尝试从事个体生产经营或创办私营企业。

**[案例思考]**

某高级技工学校汽车维修专业毕业生小王，一天在高速公路入口处看见一位驾驶员正在修理一辆小汽车，车边有一位乘车者在着急地等待着。大热天驾驶员修得满头大汗，但仍然没能排除故障。小王就主动上前对驾驶员说让他试试，不一会小王就将车修好了，驾驶员和乘车者都非常感激。乘车者问小王："你在哪个单位工作？"小王说："我是高级技工学校刚毕业的学生。"乘车者递过一张名片，并邀请小王去做客。小王接过名片一看，乘车者竟是一家汽车4S店的总经理。这样小王就很顺利地成为4S店的修理工。

各种求职渠道都各有特点，技工院校毕业生应根据自己所处的环境与自己的愿望，选择适合自己的一个或多个就业渠道，争取早日实现就业。假如条件许可，你还可以继续学习，以提高自己的学历与技能水平。适合技工院校毕业生学习的途径有：参加成人高校招生考试，进入成人高校学习；参加全日制自考学习；参加高技能培训等。

**[拓展训练]**

1. 根据你所处的环境和所学的专业，你觉得采用哪些就业渠道容易实现就业，为什么？
2. 参加人才交流会前应事先做好哪些准备？
3. 利用传媒广告实现就业时要注意哪些事项？

# 第四节　准备求职材料

**[生活实例]**

毕业生小丽与小婷是好朋友，在校园招聘会上，她俩都将求职推荐表投给了A公司、B公司、C公司。招聘会结束后，小丽接到两家公司面试的电话通知，小婷却一个也没接到。没办法，小婷只好将求职推荐表复印好多份，继续投递。可是，半个月过去了，仍未收到任何参加面试的通知。于是，她回到学校向就业指导老师咨询。就业指导老师认为小婷的学业不错，人也活泼，想不明白为什么找不到工作，后来发现，是小婷的求职推荐表做得太马虎、太简单。在就业指导老师的帮助下，小婷精心制作了求职推荐表，在亲友的帮助下，她很快就找到了工作。

在人际交往中人们一般会交换名片。技工院校毕业生在择业求职中，同样需要有“名片”——毕业生求职推荐表、履历表或简历。

## 一、求职推荐表的制作

毕业生求职推荐表是学生毕业前在老师的指导下制作的用来求职或应聘的书面材料。

### （一）求职推荐表的作用

1. 求职推荐表是学校介绍毕业生、推销毕业生的凭证

技工院校毕业生在择业求职中，无论是由学校推荐就业，还是通过其他渠道就业，都需要有书面材料证明学生通过学校教育获得了相关知识与能力。

2. 求职推荐表是“双向选择”的桥梁

用人单位在招聘员工时，除了通过面谈、老师介绍等途径了解毕业生外，最主要是通过求职推荐表来了解毕业生的基本情况、家庭情况、求职愿望以及学业水平等。学生也是通过求职推荐表来介绍自己、推销自己。

3. 求职推荐表是毕业生在用人单位的第一份人事档案

用人单位一般都会将录用的毕业生的求职推荐表交人事部门保管，作为以后培养、提拔该员工的重要依据。

**（二）求职推荐表的内容**

毕业生求职推荐表的内容包括：求职者个人信息、家庭成员信息、本人简历、自我介绍（自我评价）、在校任职与奖惩、学业成绩、班主任评价、学校推荐意见。

**（三）求职推荐表的格式**

毕业生求职推荐表是以表格形式介绍毕业生各方面情况的书面材料。表格可以由学校统一设计，也可以由毕业生自行设计。

**（四）求职推荐表的制作**

毕业生求职推荐表有关栏目的内容可以手写，也可以电脑打印，但用人单位更喜欢手写的，因为通过你的字体大致可以判断出你的性格和某些职业素质。

1. 各栏目填写的要求

毕业生求职推荐表是毕业生给用人单位的一份见面礼。所以填写要求是：字迹要工整；要用黑色笔填写；文句要通顺，不能出现错别字；内容要真实；针对性要强。

2. 毕业生自我介绍的写作

毕业生自我介绍是毕业生介绍自己的一篇短文，这也是招聘者最想了解的内容。因此，在填写时要特别重视，在有条件的情况下，应请老师、长辈帮你先修改后填入，但不要从网上下载，也不要照抄别人的。

**[案例思考]**

自我介绍一：

我叫××，1999 年出生，汉族，团员。现就读于××××技工学校电气专业，即将毕业。在校期间我系统地学习了以下课程：电工基础、电气工程、电气控制、电子线路、电子工艺等，学习成绩优良。平时关心班级集体，同学关系和睦，上进心强，是老师与同学公认的好学生。我愿到贵公司从一线生产工人做起，希望贵公司能给我一次就业的机会。

自我介绍二：

我 1999 年出生在一个偏僻的小山村。在我 8 岁那年，父亲病故，是勤劳的母亲供我上学。因此，我从小养成了吃苦耐劳、生活简朴的习惯。我知道母亲供我和弟弟上学不容易，所以在校学习认真、积极努力，赢得了老师与同学的好评。本学年我担任班级团支部宣传委员，在任职期间，我认真出好每期黑板报，在校黑板报评比中多次获奖。性格开朗的我与同学关系融洽，是老师的好帮手、同学的好伙伴。在校近三年，我先后获得了计算机等级证书、钳工与电工初级上岗证书。若贵公司能给我一次就业机会，我相信自己会努力做好每一件事，不辜负公司领导厚望。

毕业生自我介绍的写作要有特色，有特色才能吸引人。第一篇自我介绍写得既像“判决书”，又像老师鉴定，没有什么特色。第二篇自我介绍比第一篇好些，写出了个人特点、能力水平，以及取得的成绩，这是招聘者所关注的。

## 二、履历表的制作

履历表的内容包括本人的基本情况，工作经历，求职信，取得的学历证书、技能等级证书，在工作中的奖励、荣誉及发表文章的复印件等。

履历表是没有组织推荐的书面材料，为了使用人单位能相信你，在制作时要重点突出在工作中的成绩。同时要注意，应聘的单位不同，履历表中的材料内容也应有差别，这样才能提高应聘的成功率。

毕业生在首次求职时，一般不制作履历表只制作求职推荐表，但在以后跳槽或再次择业求职时，就要制作履历表。

**［资料链接］**

### 履 历 表

| 求职意向（可以多个） | | | 期望待遇 | | 照片 |
|---|---|---|---|---|---|
| 姓名 | | 性别 | | 身份证号 | |
| 婚姻状况 | | 健康状况 | | 政治面貌 | |
| 兴趣爱好 | | | | 个性特点 | |
| 毕业学校 | | 学历 | | 所学专业 | |
| 技能证书及等级 | | 工作年限 | | 电子邮箱 | |
| 手机 | | | | 家庭电话 | |
| 通信地址 | | | | 邮编 | |
| 教育经历 | 起止时间 | 学校 | | | 内容 |
| | | | | | |
| | | | | | |
| | | | | | |
| 工作后培训情况 | 起止时间 | 学校 | | | 内容 |
| | | | | | |
| | | | | | |
| | | | | | |

续表

| | 起止时间 | 单位 | 部门、岗位 | 获得奖励 |
|---|---|---|---|---|
| 工作经历 | | | | |
| | | | | |
| | | | | |
| 自我介绍 | | | | |

## 三、电子简历的制作

在计算机与网络技术高度发达的今天，求职者最好同时制作两种求职材料。一种是书面求职推荐表，另一种是电子简历。电子简历是把个人简历内容以 Word、Excel、PPT 等文档软件编辑出来，以邮件或其他传送方式传送的个人简历，电子简历包括图片简历、网页简历和多媒体简历等。

电子简历可利用 Word、Excel、PPT 等文档软件编辑或利用软件模板（如 WPS 软件）制作，也可以在一些网站上在线编辑生成。如利用 WPS 软件制作的步骤是：（1）打开 WPS，找到“模板分类”；（2）选择“简历求职”；（3）选择一份简历模板打开（模板很多，选择一份适合你的）；（4）填写模板里面的信息。电子简历制作好后应保存在文件夹中。

［资料链接］

### 视频简历

视频简历是求职者展示自我、推销自我的一个录像短片。其内容包括：自我介绍、能力展示、他人介绍等。视频简历能生动形象地展示求职者的工作能力、精神风貌等，求职者在录制视频简历前，要将毕业证书、资格证书、荣誉证书等准备好，同时也要准备一份自我介绍并熟记。在录制视频简历时，要做一个简短、清晰的开场白及自我介绍。面对镜头时，要放松、微笑，以求给招聘单位留下好的印象。当然，求职者也可以结合自己的特点设计出一份别具一格的视频简历，以引起招聘单位的注意，进而获得求职机会。

视频简历比较适合高职称的技术人员、管理人员在异地求职中使用。

[拓展训练]

1. 请为自己撰写一份自我介绍，并与同学交流讨论，对其进行完善。
2. 请为自己设计一份有个性的求职推荐表或履历表。
3. 尝试为自己制作一份电子简历。

# 第四章　掌握求职技巧

在当今社会，求职者要想获得一份职业，必须通过一定的方法把自己的特长、优点呈现出来，让招聘者了解、认可，才有可能获得所期盼的职业。

在校学生需要掌握求职的方法和技巧，这不仅是首次求职的需要，也是今后谋求职业生涯发展的需要。

# 第一节　熟悉笔试技巧

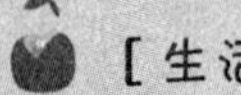

小君和小欣都报名参加了某公司的招聘考试，两人都积极准备着。小君去书店购买了有关求职考试的书，并加班加点地阅读；小欣则把过去读过的书拿来温习。班级同学觉得他俩的做法都有道理，但好像又不完全正确。

笔试是用人单位招聘新员工的一种考核办法。笔试不是每个用人单位在招聘新员工时都要设置的一个环节，但当应聘人数较多，或用人单位要招聘需要有文字表达能力的员工时，往往会采用笔试进行差额筛选，然后在笔试的基础上再进行面试。所以，技工院校毕业生在求职中要认真对待笔试。

## 一、笔试与考试的差异

求职应聘中的笔试与学校的学科考试有不同的地方，其差异主要体现在以下两个方面。

### （一）评价标准不同

在学科考试中，只要你解答过程及答案正确，即使字迹潦草，老师也会给分。但在笔试中若字迹潦草、卷面不整，阅卷者会觉得你是一个办事马虎的人，这样会影响你进入面试的可能性。

**[案例思考]**

小强是某技工学校平面设计专业的毕业生，平时很喜欢涂涂画画。在学生时代，他经常在试卷上画画，老师多次劝说他都不在意，觉得是老师不懂欣赏。他认为只要画得美，在哪里都会给人美感。在他参加笔试的时候，他答完卷后，一看还有点时间，于是老毛病又犯了，又在试卷上涂涂画画。在他的作品还没有完成的时候交卷的时间就到了。负责阅卷的人事部经理一看到这张“花”一样的卷子就不批阅了。他认为此人作风随意，态度不认真，爱过度表现。小强就这样在笔试中被淘汰。

### （二）笔试试卷可能会出现“醉翁之意不在酒”的试题

在笔试的试卷中出现“醉翁之意不在酒”的试题有两种可能：一是命题者有特定目的，这时应聘者千万不要按常规的思路去答题；二是有意窃取你的创意成果，若遇到这种情况，你应中止答题，并利用法律来维护自己的权益。

**[案例思考]**

一家中外合资企业要招聘一名产品开发技术人员，考卷中有这样一道题目：你能介绍一下你目前所在企业或你曾经就职企业的成功秘诀吗？该企业最新推出的产品有什么先进之处？你本人最新的设计方案是什么？在众多写满答案的试卷中有一张赫然写着：对不起，涉及商业机密，恕难奉告！结果最终被录取的就是这位应聘者。

## 二、笔试的种类

参加笔试之前，应了解笔试的种类，以便做好准备，充分发挥出自己的水平，争取好的成绩，取得应聘的成功。笔试可分为文化知识测试、专业知识测试、专业技能测试、职业心理测试和综合知识测试五种。

### （一）文化知识测试

文化知识测试的目的是检验毕业生的文化程度和综合能力。毕业生虽然有学校出具的学习成绩单，但用人单位为了直接考核出毕业生的文化素质，往往采取笔试的方法。这类考试的内容涉及面广，知识的综合性强，题目往往较灵活，考试形式有时是作文。

### （二）专业知识测试

专业知识测试用以考查毕业生的专业知识掌握情况，着重考查与职业活动有关的专业知识。这类考查涉及的知识面广，但深度、难度并不高。

### （三）专业技能测试

这种测试主要测试毕业生处理问题的速度和效果，检验毕业生的实际业务能力或专业技术能力。这种测试往往与实际操作相联系。

**[案例思考]**

小峰是计算机专业的学生，毕业后参加了某电脑公司的招聘笔试，由于该公司在当地比较知名，前来笔试的人很多，笔试后小峰没有经过面试就被直接录取了，而享有这种待遇的只有他一人。原因是他做的网页很有创意，也很有水平。

### （四）职业心理测试

职业心理测试是用事先编制好的标准化量表或问卷，判断求职者职业心理水平或个体差异的方法。有些用人单位常常以此来测试求职者的态度、兴趣、动机、智力、个性等心理素质，然后根据用人的要求决定录取谁。

采用职业心理测试选聘工作人员的直接原因，在于它可以降低员工的淘汰率和训练成本，便于用人单位量“材”录用员工、量“材”配置员工，从而达到事得其人、人司其职，提高工作效率的目的。

职业心理测试在一些特殊职业的招聘考试中得到广泛使用的原因，在于个体的心理素质与职业之间有着密切的联系。所以，对特殊职业的应聘者进行职业心理测试，无论是对个人还是对单位，都是非常必要的。

### （五）综合知识测试

综合知识测试，是指用人单位对求职者的知识考查内容较为广泛，既有专业知识，也有命题写作、时事新闻、职业道德、人文知识等多方面的考查。尽管测试的内容较多，但其主要内容是与用人单位的工作性质、业务范围紧密相关。如招聘营销人员，在综合测试时，除考核专业知识、专业技能以外，还要测试相关的性格因素、职业道德等。

## 三、参加笔试的技巧

参加笔试前要积极准备，测试时要沉着应对，努力将自己应有的水平展示出来。

### （一）笔试前的准备

1. 平时努力学习是基础

平时知识的积累和笔试的成功与否紧密相联。因此，技工院校学生应把握良好的学习机会，在学有专攻的基础上不断扩大自己的知识面，这样在参加笔试时就会信心十足、游刃有余。

2. 分析笔试的类型

求职应聘的笔试内容绝大部分与所应聘的职位要求相关。因此，参加笔试前应分析测试内容的可能类型，这有助于笔试内容的复习，但不可将希望全寄托在猜题“押宝”上。

3. 根据考试类型适当复习

在求职应聘时，从接到笔试的通知到笔试，时间往往不会很久。因此，在有限的时间里要有选择地复习一些知识，特别是与职业要求相关的知识。

4. 做好考试准备

参加考试前要熟悉考场环境，了解考场规则，准备好必要的证件（身份证）及考试所需的文具。

5. 保持良好的身心状态

笔试前一定要注意休息，以保持清醒的头脑和饱满的精神。

［案例思考］

小雅明天就要参加一家她期盼的公司的笔试了，经过精心的复习准备，她很有信心。于是晚上她决定去放松一下。没想到一玩就玩到深夜。回到家由于过于兴奋无法入眠，脑子里一直想着明天的考试。好不容易睡着了，一觉醒来离考试时间已经不远了，收拾完赶到考场总算没有迟到。由于赶得太急和没有休息好，小雅在看到题目后脑子一片空白。走出考场后小雅就知道这次笔试她已经没戏了，精心的准备也白费了。

**（二）笔试时的技巧**

1. 要遵守考试规则

考试时切不可违反规则，否则不但可能被取消录用资格，还会使人怀疑你的品质不好，甚至会影响去其他单位求职应聘。

2. 要掌握科学的答卷方法

首先，应通览一遍，了解题目的多少和难易程度，以便掌握答题的深度和速度。其次，要按照先易后难的原则先答会做的题，然后再攻难题。答题时要掌握好主次之分。有的毕业生对自己准备较充分的题洋洋洒洒写了上千字，而对准备不够的题，就随便写了几十个字。这样，成绩当然会受到影响。再次，要尽可能留出时间对易出错的地方进行复查，特别注意不要漏题。最后，要注意卷面清洁。字迹应力求清晰，书写不要过于潦草，不要做大面积的涂改，字迹难以辨认会影响笔试成绩。

3. 要注意克服紧张情绪

情绪紧张往往会导致怯场，怯场会影响测试成绩。怯场大多数是由于缺乏自信所致，冷静客观地评估自己，做足准备增强自信心，是预防怯场的有效措施。

［拓展训练］

1. 尝试参加一个企业的招聘笔试，看看自己有什么不足？如何完善？

2. 上网查找一份心理测试试卷，对自己进行测试，并看看自己适合的职业有哪些。

3. 案例思考

张行与陈君同时参加了××公司的招聘考试，张行考试时很认真，字写得端正、工整，陈君却字迹潦草且随意涂改，考试结束后，张行得72分，陈君得74分，但在招聘单位公布的面试人员名单中有张行却没有陈君，为什么？

## 第二节　掌握面试技巧

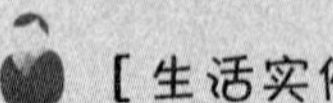


以下是一位应届毕业生的求职面试过程。

场景：某技工院校邀请企业来校招聘，某家企业的招聘人员查阅了相关专业毕业生的求职推荐表，从中选出20名同学。学校负责就业推荐的老师提前通知这20名同学做好面试准备。某日，老师将他们叫到会议室，企业招聘人员向他们介绍了企业的概况、本次招聘的岗位及人数等信息。随后同学们逐一进入面试室面试。

学生：(敲门。)

招聘者：请进！

学生：(神情紧张，单手递上求职推荐表，并在招聘者前面的椅子上坐下，然后低头看着地面。)

招聘者：(翻阅求职推荐表，并审视学生。)

招聘者：别紧张，我们有可能成为同事。

学生：(慢慢抬起头，并正视招聘者。)

招聘者：你最想应聘哪个岗位？

学生：我是学机械的，当然希望从事与机械相关的工作，比如机加工、产品组装和产品调试等。

招聘者：我们公司在生产任务繁忙时要“三班倒”，这样的上班方式你能接受吗？

学生：可以的。

招聘者：你有什么兴趣爱好？

学生：我喜欢打篮球。若能成为贵公司一员，以后公司要与其他公司举办篮球友谊赛，我会积极参加。

招聘者：我们公司一般劳动合同要签三年或五年。

学生：先签三年。

招聘者：你对我们公司员工的工资福利待遇还满意吗？

学生：还行，与我心中的期望接近，否则我也不会参加贵公司的面试。

招聘者：你还有其他问题要问吗？

学生：没有了。

招聘者：好，回去等通知吧！

学生：（站起，点头致谢。转身慢慢离开面试室。）

面试是用人单位通过当面问答或交谈考核求职者的方式。面试是招聘者与求职者面对面的沟通过程，这个过程既是用人单位了解求职者的过程，也是求职者了解用人单位的过程。对于技工院校毕业生来说，要把最好的一面呈现给招聘者，才能获得求职成功。

## 一、面试的特点

面试是在事先设计的场景下，招聘者通过与求职者面对面观察、交谈等双向沟通方式，考评求职者的素质特征、能力状况及求职动机。面试突出"问、听、察、析、判"，因此，面试不同于日常的观察，也不同于一般性的口试及面谈。面试有以下几个明显特点。

### （一）面试以谈话和观察为主要方式

面试中，主要是求职者针对招聘者提出的问题进行回答，在回答过程中招聘者通过对求职者面部表情、体态、语速、语气等观察分析，判断求职者的自信心、反应力、思维敏捷性、性格、情绪、态度、胆魄和创新精神等。

### （二）面试是一个双向沟通过程

在面试过程中，求职者并不是完全处于被动状态。招聘者可以通过观察与谈话来评价求职者，求职者也可以通过招聘者的行为来判断招聘者的价值判断标准，以及对自己面试表现的满意度等。求职者也可借此机会进一步了解所应聘的单位及职位等有关情况，以决定自己是否接受这份工作。

### （三）面试内容是灵活多变的

面试内容因求职者的个人经历、背景、应聘的岗位，以及在面试过程中的表现不同而具有一定的灵活性。

## 二、面试的基本形式

### （一）单独面试与集体面试

1. 单独面试

所谓单独面试，是指招聘者与求职者单独面谈，这是最普遍、最基本的面试方式。单独面试通常又分为两种类型：一是只有一个招聘者负责整个面试过程；二是由多个招聘人员参加整个面试过程，但每次只与一个求职者交谈。单独面试适用于技术等岗位的招聘，因此职业学校毕业生求职面试绝大部分是属于这种类型的面试。

2. 集体面试

所谓集体面试（又称小组面试），是指多位求职者同时面对招聘者的情况。在集体面试中，求职者自由讨论招聘者给定的题目（这个题目一般取自于拟任岗位的需要或现实生活中的热点问题），而众考官不参加讨论或提问，只通过观察倾听，对每个求职者的素质与能力进行评定。

### （二）一次性面试与分阶段面试

1. 一次性面试

所谓一次性面试，是指用人单位对求职者的面试集中于一次进行。在一次性面试中，招聘人员一般由用人单位人事部门负责人和业务部门负责人组成。在一次性面试的情况下，求职者能否顺利通过面试，甚至是否被录用就取决于这一次面试。

2. 分阶段面试

分阶段面试，即通过初试、复试与综合评定三步来完成整个面试。初试的目的主要是从众多的求职者中筛选出明显不合格者，它一般由用人单位的人事部门主持，主要考察求职者的仪表风度、工作态度、上进心、进取精神等。复试一般由用人部门主持，以考察求职者的专业知识和业务技能为主，衡量求职者能否胜任拟任的岗位。最后，由人事部门会同用人部门综合评定每位求职者的成绩，确定录用人选。

## 三、面试前的准备

做好面试前的准备，可以提高面试成功的可能性，因此，求职者在参加面试前要做好必要的准备。

### （一）面试前做到“三确定”

在参加面试前，应确定面试的时间、地点和联系人。如果不清楚，也要想办法打听清楚。

### （二）充分了解用人单位

对用人单位的基本情况，如单位性质、地址、业务范围、经营业绩和发展前景等要全面了解。有可能的话，也要简单了解招聘人员的情况，以利于面试时能进行有效的沟通。

**[案例思考]**

招聘者问求职者对公司了解多少，求职者想了半分钟然后说道："我接到面试通知后，还没来得及查看公司的资料，所以不太了解。"招聘者对他说："我们招人自然希望他能了解我们公司，你还是回去多了解了解吧。"

### （三）进行自我认知

要自信地应对面试，首先要对自己有清楚的认识。求职者在参加面试前应对自己的能力、特长、个性、兴趣、爱好、优缺点、人生目标和职业倾向等有全面清醒的认识。

### （四）面试前问题的准备

面试前问题的准备包括两方面：一方面是招聘人员可能要问到的问题及如何回答，另一方面是自己在面试中将要提出的问题。

### （五）做好心理和精力准备

求职者在面试前或多或少会有紧张不安等心理状态，这些心理会影响面试的发挥。因此，在面试前要调整好心态，要以自信、乐观、积极的心态去应对面试。面试前，也应适当放松，注意休息，保持充沛的体力和精力，以饱满的精神状态面对招聘者，以取得面试的最佳效果。

### （六）仪表准备

面试是一次综合考评的过程，招聘人员会通过对求职者的衣着打扮、仪表礼仪的考察，来确定应聘者是否具备某些职业素养。因此，求职者在参加面试前应准备面试时穿的服装，同时整理好仪表。

**[案例思考]**

小王是个刚毕业的学生，英俊潇洒，在校成绩非常好，在生活中喜欢标新立异，戴项链、穿耳洞，对时尚的敏感度可以和港台明星相媲美。这日接到某知名外企的面试通知，小王非常高兴。他特地买了一套西装和皮鞋准备面试。面试当天他和主考官侃侃而谈，对答如流，小王不由得心中窃喜："没问题，肯定会被录取！"没想到，主考官此时却将话锋一转："你的耳钉很漂亮么！今年是不是很流行啊？"小王伸手去摸，暗想："糟了，忘记取下来了。"

[资料链接]

### 毕业生面试时服饰打扮的要求

1. 服装。服装应整洁大方，切不可穿太露、太透、太奇特或随便的服装。夏天不可穿背心短裤。

2. 鞋子。切不可穿拖鞋。女生一般不要穿太高的高跟鞋。

3. 饰品。作为学生尽量不要佩戴过多饰品。

4. 头发。头发要干净，不宜太长。不要做一些奇怪的发型，也不要染夸张的颜色。女生的长发最好用发绳扎好或梳理得整整齐齐。

5. 指甲。指甲应保持清洁，不得留长指甲，女生最好不涂指甲油。

**（七）随身携带物品的准备**

面试前还应准备好随身携带的物品，如求职推荐表、学历证书、学位证书、专业技术资格证书、荣誉证书等复印件，以便在面试过程中必要时呈送给招聘者查看。

[案例思考]

小王与一群同学一起到一家企业面试，招聘人员说大家寄来的求职推荐表都已经找不到了，请大家重新给他一份求职推荐表，结果十几个人中，只有小王一人随身携带了求职推荐表，最后他被录用了。

## 四、面试时的技巧

面试时如果求职者能够掌握一些面试技巧，做到扬长避短，充分发挥自己的优势，就会提高面试的成功率。

**（一）面试礼仪**

1. 严格守时

迟到会严重影响自身的形象，迟到几分钟，很可能就会与你心仪的公司失之交臂了。因此，最好提前10~15分钟到达面试场所，一方面可以熟悉一下环境，体现自己的诚意、守信与可靠；另一方面，也可调整好自己的心态，以免仓促上阵，手忙脚乱。

2. 等候面试要耐心

由于面试一般是逐个进行的，因此，在等候面试时，你可以看看自己的求职推荐表，整理一下自己的仪表仪容，也可以看看报纸、杂志。千万不要大声喧哗，也不要东走西窜。

3. 注重进入面试场所的每一个环节

求职者一进入面试场所，事实上一举一动都在别人的注视之中。所以，从走向面试场所的第一步起就要开始注意自我形象的塑造。例如，门关着应先敲门，得到允许后再进去；见面时要向招聘者主动打招呼问好致意，称呼应当得体；当招聘者请你就座时，你应先道谢再落座，切勿急于落座，落座后要说“谢谢”，坐下后要保持良好的体态，切忌大大咧咧，左顾右盼，满不在乎。

**[案例思考]**

有两位同学同时去某公司应聘。那天正下着大雨，招聘人员看到她们，连忙帮着接过雨伞，小单说了声“谢谢”，小于可能有点难为情，就低下头，不声不响地走了进去。招聘人员又特地过去倒了两杯热茶递给她们，小单很有礼貌地道谢并双手接过，小于一声不响地接过，因为紧张还不小心把茶洒了。落座后，小单微笑着双手把自己的求职推荐表递上。当招聘人员向小于要求职推荐表时，她非常紧张，在包里抽出推荐表后就随手交给了主考官。临走，小于甚至忘了道声感谢……

4. 行为举止要得体大方

行为举止有时比语言更容易体现一个人的修养和风度，因为人们更愿意眼见为实。面试是双向沟通过程，招聘人员对求职者的行为举止也会做综合判断。因此面试时要注意行为举止是否得体。

（1）站姿要正确。面试时如果是站立的，那么应注意站的姿势。站时身体应挺胸抬头，两臂和手在身体两侧自然下垂，也可双手合握放在腹前，两眼平视正前方，嘴自然闭合。男生双脚可以分开，但不宜太大，女生可以双脚自然并拢。

（2）坐姿要端正。坐在招聘人员指定的位置上，不要随意挪动椅子；只坐椅子的三分之二，身体略向前倾；双手放在身体两侧或双手合握放在腿上。男生腿可略分，女生双膝、双脚要自然并拢。

（3）眼睛要平视。切忌目光游移不定，躲躲闪闪，以免给人一种惊慌失措或隐藏不可告人秘密的印象。

（4）要避免一些不必要的小动作。如反复摆弄自己的手指，玩弄衣带、发辫、笔、纸片、手机，抠指甲，抓头发，挠头皮，抠鼻孔，跷起二郎腿乱抖，用脚敲击地面，双手托下巴，说话时用手掩着口，等等。这些小动作会让人反感。

**[案例思考]**

小红去某服装公司面试行政助理职位。因为第一次参加面试，小红没有经验，显得很紧张。当招聘人员主动伸手与她握手时，她伸出手很快地触碰了一下招聘人员的手，就马上缩回来，还时不时地用手摆弄衣角。最后小红没有被录取，招聘人员说："小红的举止不够大方得体，员工的形象代表企业的形象，像小红这样，在工作中会出错的。"

### （二）面试交谈的技巧

1. 交谈技巧

（1）要注意倾听。招聘者在说话时，求职者要注意倾听，不要轻易打断对方的讲话，也不能表示出不耐烦，适当时可以点头或微笑，以示听懂或感兴趣。

（2）语言表达要清楚。与招聘人员交谈时，求职者尽量不要用土话、方言。语速不能太快，音量要适当，语调得体恰当。另外，尽量不要有口头禅。

（3）留意对方反应。交谈中很重要的一点是把握谈话的气氛和时机，这就需要随时注意观察对方的反应。根据招聘者的体态、动作、面部表情的变化，适时调整自己的语言、语调和音量。如果招聘者对你某方面的经历有兴趣，你可进一步详细介绍。若招聘人员眼神不专注，心不在焉，可能对你的话题不感兴趣，这时应转移话题。

2. 回答问题的技巧

（1）确认问题后再回答。回答问题时如果未听清问题，或不明白问题，这时切忌很快做答，这样容易答非所问。若遇到这样的情况，可以先缓一缓，礼貌地请求招聘者将问题复述一遍，确认其内容后再回答，这样才不会答非所问。

（2）讲清原委，避免抽象。有时招聘者想了解求职者的具体情况，会问一些比较简单的问题，这时求职者切不可简单地以"是"或"否"做答，应该解释原因或进一步加以说明。

（3）要诚实以对。面试中招聘者有时会问到一些求职者不熟悉，或根本不懂的问题。面对这种情况，诚实以对是最好的，诚恳坦率地承认自己的不足之处，反倒会博得招聘者的信任和好感。例如，在某次招聘中，招聘者问求职者："前苏联总统戈尔巴乔夫为什么要把国家肢解成许多小国家?"有时招聘者问这样的问题，不是要知道问题本身的答案，而是要了解你是否诚实。所以，如果不知道问题的答案，最好的答案是如实、谦虚地告诉招聘者"不知道"。

### （三）适时告辞

1. 要适时告辞

面试并非闲聊，也不是谈判，而是与陌生人之间的沟通。面试一般有时间限定，招聘者在面试结束时，往往会说一些暗示性的话语。例如，很感激你对我们公司的关注，你的情况我们已经了解了，回去等我们的通知。求职者听了诸如此类的暗示语之后，应该主动告辞。

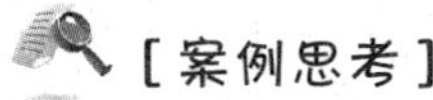[案例思考]

一位毕业生来到某大公司应聘，事先他做了充分准备。面对招聘者的提问，他从容不迫，侃侃而谈。可是这位招聘者下午正好有个会，本来以为面试很快结束，没想到这位毕业生说个不停，出于礼貌招聘者不能打断他，于是就不停看时间给他暗示，可是他还是自顾自地讲个不停。没办法，招聘者最后只得板起脸告诉这位毕业生："你先回去等通知吧。"

2. 面试结束时要注意礼仪

不管面试进行的情况如何，无论是被录用还是不被录用，都应面带微笑地表示谢意，要有礼貌地说："感谢你给了我这次面试的机会。"最后，记得向接待人员致谢道别。

**（四）在面试过程中要关注细节**

在面试过程中，一个细小的动作、一句话，有时就会决定你这次面试的成败。因为招聘者往往会根据你这些细节的表现，推测你的职业素质，并据此来决定是否录用你。因此，技工院校毕业生在面试过程中要关注每一个细节，并通过一些细节把自己的长处、优势，特别是你的优良品质和良好的行为习惯展示出来，这样招聘者才会认可你、录用你。

[案例思考]

一位女孩到一家中外合资企业去应聘，外方经理看了她的材料后拒绝了她。女孩收回自己的求职材料，站起来准备离开。突然她觉得自己的手被什么东西扎了一下，看了看手掌，上面沁出了一颗血珠。原来凳子上有一个钉子露在外面，她见桌上有一块镇纸石，便拿过来用力把小钉子压了下去。然后，她微微一笑，说声"告辞"，就转身离去。几分钟后，经理派人在楼下追上她。她被公司破格录用了。

## 五、面试结束后的注意事项

面试后，许多人认为已经没事可做了，其实不然。如果有老师带队的，应及时向带队老师报告面试情况，特别是没有展示好的地方，这样老师可以在全部应聘者面试完后，再与招聘者沟通，为你争取录用的机会；如果没有老师带队，你可等全部应聘者面试完后，直接与招聘者再沟通，为自己争取录用的机会。不管怎样都要对本次的面试情况进行回顾总结。

**（一）进行回顾总结**

面试结束后，最好能对自己在面试过程中的表现进行回顾总结。如果失败，也要总结一下经验教训，以备下次面试时不犯同样的错误。

### （二）面试结束后致谢

面试结束后，如果一时还不能确定结果，且你对应聘的岗位很向往，你可以在面试后的一段时间内，给招聘者或招聘单位打个电话或发个邮件。

如果面试已经过去一段时间，而你觉得这时应该有结果了，却没有任何通知，可以给招聘单位的负责人打个电话或发个邮件，问他是否已经做出决定了。这个电话或邮件可以表示出你的兴趣和热情，你还可以从他的口气中探出你是否有希望得到那份工作。

如果发邮件，邮件内容可以包括以下三个方面。

首先，对招聘者表示谢意，希望能早日听到回音。

其次，对面试作补充。可以重申自己的优点，以及你能为公司的发展做出哪些具体的贡献。

最后，表明对招聘单位的感觉。通过面试对单位有了进一步了解后，表明自己对招聘单位的向往之情。

面试后打个电话或发个邮件，既是出于礼貌表示谢意，也是又一次推荐自己、争取机会的过程。

**[资料链接]**

面试后的感谢信

尊敬的×××先生：

感谢您昨天为我的面试花费了时间和精力。和您谈话我觉得很愉快，并且了解到许多关于贵公司的情况，包括公司的历史、管理形式以及宗旨。

正如我已经谈到过的，我的专业知识、经验对贵公司是很有用的，尤其是我的刻苦钻研精神。我对贵公司的前景十分有信心，希望有机会和你们一起，为公司的发展共同努力。

再一次感谢您，并希望有机会与您深入交流。

×××（姓名）

××××年××月××日

## 六、面试中常见的提问

面试过程中，一般是由招聘者向求职者提问，而求职者的回答将成为招聘者考虑是否接受该求职者的重要依据。对求职者而言，在面试前准备好怎么回答可能遇到的问题，有利于通过面试，并获得相应的岗位。

**（一）请你自我介绍一下**

这是面试中常问的问题。一般来说，你应在 1~2 分钟内介绍完自己，自我介绍的主干内容要匹配求职推荐表中的自我介绍。自我介绍要抓住对方的注意力，在介绍时条理要清晰、层次要分明。首先介绍的应是自己最得意、最想让对方记住的事情，其次再按重要、次重要、一般重要的顺序介绍下去。

**（二）你如何看待本单位**

当求职者遇到这样的问题时，总是会一味地赞颂用人单位，其实并非明智之举。有时客观地说一说你的观感和印象是有益的，但要注意当你要说单位的问题时，不要一味否定，可以说："若在××方面再加注意，也许会有较大的改善。"相对客观地谈一下自己的观感和印象会让人觉得你与众不同，有一定的观察能力。招聘者也会认为你对应聘的单位有一定的了解。

**（三）你如何看待你所应聘的岗位**

通常，各个岗位在责任、权力、利益、分工、合作、技能、技巧等方面，都有明显的要求。所以，你不能说"我干这也行，干那也行"，你应该态度诚恳地说出此次应聘的原因。例如，专业对口、个性适合、有发展前景等。

**（四）你有什么优缺点**

招聘者问这个问题的目的是想知道求职者对自己是否有正确的评估，以及求职者是否诚实。因此，在回答此类问题时，一是不能一味只讲优点，闭口不谈缺点，或是故意将优点说成缺点；二是应该有针对性地找出自己与此职位相关的优点，不必将所有优点都讲；三是切忌显露无所谓的态度，如"我也没什么优点，也谈不上有什么缺点，我这个人嘛，一般般"之类的话不要说。

**（五）你有什么业余爱好**

招聘者问这类问题主要是想了解求职者有没有事业心，以及有无不良嗜好。所以回答该问题时，应该既要说明自己是一个有广泛兴趣爱好的人，又要展现自己是一个有事业心的人。

**（六）你有什么问题要问吗**

招聘者有时会问你是否有什么问题要问他，因为招聘者也想从你的回答中了解你的想法。所以你不妨询问一下对方的业务范围、工作内容等。例如，如果我受聘这个岗位，我能接受哪些培训？

**（七）你的薪酬要求是多少**

一般来说，用人单位在有了初步意向后，会对求职者提出薪酬问题，这是一个很敏感的问题，要少了要多了都不合适。所以，面试前可了解一下该行业大致的薪酬范围与需求状况，以便有个参考基数。如果不知道大概的薪酬范围，可以技巧性地回答："我愿意接受贵单位的薪酬标准，不知按规定这个岗位的薪水是多少？""我可以回去考虑一下吗？薪酬问题好商量。"

**（八）你如何看待与同事的冲突**

这个问题越来越受到招聘者的关注。一项统计表明，多达80%的人辞职是因为与同事相处不好。招聘者想通过你的回答，考察你的沟通能力和技巧。所以这时候你可以这样回答："我通常都能与同事和睦相处，如果与别人发生冲突，我会针对冲突本身，就事论事，不会针对人。"

**（九）你能介绍一下家庭情况吗**

招聘者问此问题的目的主要是想了解你是否是独生子女、父母亲的情况如何。一般而言，在招聘者的想法中独生子女由于父母容易比较溺爱，一般不会吃苦耐劳。因此，在回答这个问题时，求职者如果是独生子女，应突出讲清，虽然自己是独生子女，但愿意锻炼自己。

**［案例思考］**

在某单位组织的一次面试中，主考官先后向两位毕业生提出了同样的问题："我们单位因为刚刚成立，地址不在城区，你们来可能要到最辛苦的基层去。请问你们是否有思想准备？"毕业生小王说："吃苦对我来说不成问题，我从小在农村长大，父亲早逝，我很乐意到基层去。只有在基层摸爬滚打才能积累丰富的工作经验，为今后发展打下基础。"毕业生小洪则回答："到基层去锻炼我认为很有必要，我会尽一切努力克服困难好好工作，但作为年轻人总希望在城区工作，不知贵公司今后的发展前景如何？"结果小王被录用，小洪被淘汰。

**［资料链接］**

### 面试过程中其他常见提问

1. 你认为对你来说现在找一份工作是不是不太容易？
2. 你对公司有何印象？
3. 我们不限定固定职位，你认为自己最适合做什么？
4. 你希望从事什么样的工作？
5. 你在以前实习的公司从事什么样的工作？

6. 请问你有什么职业资格证书？
7. 你是否可以接受加班？
8. 你认为这份工作最重要的是什么？
9. 你现在最感兴趣的是什么？
10. 空闲时喜欢什么业余活动？
11. 你有哪些兴趣爱好？
12. 你的学习成绩如何？
13. 你有什么社会实践经验？
14. 你为什么选择现在的学校和专业？
15. 你比较喜欢独立工作还是集体工作？
16. 请你谈一下和本岗位有关的工作经验。
17. 你希望在本公司工作多长时间？
18. 你对本公司（或这份工作）有什么看法吗？
19. 你如何看自己缺少工作经验这个问题？
20. 这个岗位有时需要做些端茶倒水的杂务，你有意见？
21. 如果另外一家公司同时录用你，你将如何选择？
22. 你对今后有什么打算？
23. 你为什么这么长时间没有工作？
24. 能谈谈你过去遇到的一个困难以及你的解决方法吗？
25. 你喜欢你们学校吗？你的老师怎么样？
26. 你的任务完成了，而同伴未完成，你怎么办？
27. 你择业时考虑的主要问题是什么？
28. 这份工作起薪不高，你不会介意吧？

## 七、面试中尴尬场面的应对

在求职面试时难免会碰到一些尴尬的场面，若不能好好处理，往往会影响整个面试的表现，从而导致面试失败。所以，预先了解面试过程中可能出现的几种尴尬场面，准备好应对办法，未雨绸缪，可以增强面试信心。

### （一）紧张

因为面试成败对一个人的前途有影响，而且面试又是被陌生人盘问，所以紧张是难免的。在面试进行中，一点点紧张可以帮助集中注意力，但求职者若过分紧张慌乱，不但会给招聘者留下坏印象，还会无法集中注意力回答问题。因此必须学会调控紧张情绪。

1. 心理准备要充分

不要把一次面试的结果看得太重要，同时明白自己的竞争对手也一样会紧张，一样会因出错而尴尬。所以，在参加面试时要暗示自己："我已经做了那么多准备，肯定行。"

2. 做好必要的预防

在进入面试场所前，若体察到了自己的紧张情绪，可做几次深呼吸。深呼吸是缓解紧张情绪的有效办法。另外，还可以带一张报纸或一本书，预备等候时翻阅。人在等候时最容易紧张，这时如果你全神贯注地看报、看书或者杂志，一来可以解除等候的不安，二来可以显示自己珍惜时间。

3. 整理好随身携带的文件包

带一个事先整理得井井有条的文件包，包内带一些有关工作的资料，以备面试中使用，如在招聘者提出某个问题时，可以回答："关于这个问题，我已经做了某些设想，请过目。"这样就可以尽量减少与招聘者的正面语言接触，消除一些紧张心理。

4. 不要抢着回答问题

当招聘者问完问题之后，不妨思考几秒钟后再开口，回答时留心自己说话的速度，看看是不是因为紧张而讲得太快。

5. 坦白地告诉招聘者

如果真的紧张得厉害，难以控制，最明智的办法就是坦白告诉招聘者，可以说："对不起，我确实有点紧张，可不可以让我先冷静一下，再回答您的问题?"通常招聘者都会同情你，并因你的诚实真诚留下好印象，而你也因为讲了出来，觉得舒服多了，紧张程度会大大减轻。

**（二）说错话**

人在紧张的场合中最容易脱口而出，讲错话。例如，明明申请的是甲单位的职位，却误说为乙单位，或在称呼招聘者时把他们的姓氏、职务等张冠李戴。经验不足的应试者碰到这种情况，往往懊悔万分、心慌意乱、越发紧张，接下去的表现更为糟糕。有些年轻人发觉自己说错话后，会停下来默不做声，或伸舌头，这些都是不成熟、不庄重的表现。

明智的应对办法是保持镇静。如果说错的话无碍大局，也没有得罪人，可以专心继续应对，切不可耿耿于怀，因为任何一个招聘者不会因为求职者的一次小错误而放过合适的人才，而且招聘者也会谅解你因心情紧张而出的错。如果说错的话比较重要，或会得罪别人，应该在合适的时间更正并道歉，可以说："对不起，刚才我紧张了，好像讲错了话，我的意思是××××，不是××××，请原谅。"出错之后弥补自己的过失需要很大的勇气和技巧，招聘者通常会欣赏求职者的坦白态度和打圆场的高明手法，说不定你还会因此获得好感。

**（三）沉默**

面试过程中，招聘者可能无意或故意不做声，做长时间的静默。如果是故意的，往往是想考验求职者的反应。许多求职者没有准备，因而不知所措，说出一些不该说的话，对自己不利。

应对的一个好办法是预先准备一些合适的话或问题，在这个时候提出来，也可以顺着先前谈话的内容，继续谈下去，可以说："刚才您问我×××××，其实我觉得还可以这样看这件事……"也可以另起一个新话题，比如说："咱们这里的办公环境不错，交通也方便，在这里工作一定很舒心，我渴望成为公司中的一员。"

**（四）尖锐提问**

有时候，招聘者会故意用严肃的口吻，向求职者提一些尖锐的问题，用以考察求职者的个人修养、心理素质、应变能力。面对尖锐的问题，有些求职者不知道如何回答，甚至被激怒，结果就被淘汰了。所以，面对尖锐的问题，最好的办法就是心平气和地回答提问，最好还能将自己被对方视为劣势的方面，巧妙地转化为优势。

**[资料链接]**

### 电话面试的技巧

电话面试是招聘者和求职者利用电话进行沟通的招聘面试。

**1. 电话突然打来怎么办**

招聘者突然来电，往往令你措手不及，也许你正在上课，也许正在运动，也许正在公交车上，此时没有任何准备，建议你首先试探看看对方是否可以给你一些准备时间，稍后再进行电话面试，如"对不起，我现在有事，能不能换个时间给您打电话?"等，千万不要说自己没有准备，否则很有可能让你失去这次机会。

一旦赢得时间，最先做的应是马上摊开资料写一份提纲，从容应答。当你能坦然放松地与对方进行电话交谈时，应该将对方单位名称、招聘岗位，以及你所感兴趣的职位等弄清楚。

假若对方表示占用时间很短，要你配合的话，也不要紧张，先找个安静的地方坐下，然后理清思路，先做简短的自我介绍，之后有条不紊地回答提问。

**2. 电话面试会问什么**

为确认求职简历的真实性，企业人事部门首先会对简历内容进行确认，看看是否有漏洞，是否有不符合事实的地方。此时，求职者必须冷静快速地回答问题，回答过程中的任何犹豫都有可能给对方造成说谎的印象。因此，最好将简历放在手边，可以看着内容回答提问。

对简历内容确认之后，招聘者会针对应聘岗位问些专业技术方面的问题，比如你的专业技能、对应聘职位的看法等，有时会问得更细一些。对于这些问题，千万不要慌张，保持镇静，抓住问题要点，尽你所能，如实回答。

在回答一些专业问题时，你的答案要尽量显示你对那些专业术语非常熟悉，并能用简短的语言表达清楚，重点要突出，不要回答得含糊不清。

任何面试都是双方在进行相互观察和了解，而不是招聘者单方面“审问”求职者。招聘者会对求职者提出各种问题，以此来衡量你是否适合本公司，同时求职者也可以向招聘者提出任何你想了解的问题，但薪资待遇问题最好不要提及，否则对方会认为你比较功利。

### 3. 接听电话要冷静

“知己知彼，百战不殆。”想从容应对电话面试，就得先了解电话那头的“对手”是谁。因此，要问清招聘者的名字与公司名称。

当然，对应聘公司的信息了解得越多，就越容易应对面试。其一，容易理解招聘者的提问；其二，当招聘者了解到你掌握公司很多信息时，会对你产生好感，面试也会变得轻松起来。如有可能，最好提前准备一份你要问的问题清单。你还需要整理一份你接受过的专业技术培训的列表，这会让你的实力一目了然。

同时，在手边放一些纸和一支笔，记录对方的问题要点，以便于回答。记住，接电话的时候要说“你好”，不能仅仅只有“喂”，刚开始给人的印象差了，接下来的效果可想而知。

### 4. 接听电话要注意语速

在面试过程中不要机械地背诵你所准备的材料。回答问题时语速不必太快，发音吐字要清晰，表述要简洁、直截了当、充满热情，要使谈话易于进行，快了反而会弄巧成拙。

如果问题没听明白，要很有礼貌地请招聘者重述一次，不要不懂装懂。回答时尽可能表现得有礼貌，不要答非所问。要记住，请求招聘者说得更清楚一些是正确的做法。如有必要，甚至还可以要求招聘者改用其他方式重述他的问题。

感到紧张是很自然的，但是要试着让自己慢慢放松。如果你说得太急，招聘者会很难听懂你的意思。一旦你感觉到很紧张，而且在说某些话时无法继续下去，最好停下来，深深地吸一口气，然后说：“对不起，请让我再来一次。”

记住，尽量保持语调轻松，充满自信。

### 5. 电话结束时说什么

结束电话之前，一定要感谢对方来电话，显示你的职业修养。

### 视频面试的要领

视频面试是指用人单位与求职者足不出户利用连接互联网的电脑，通过视频摄像头和耳麦以语音、视频、文字的方式进行即时沟通交流的招聘面试。因为视频面试非常方便，且可以节约成本等，有些企业会采用这种面试方式。作为求职者，在视频面试中要注意以下五个方面。

**1. 准备一个摄像头和一个耳麦**

摄像头和耳麦是视频面试中要用到的，最好事先试用并调整好，以免在面试时出现问题，影响面试效果。不要让强光直接对着摄像头的镜头，应该采用柔和一点的明亮的灯光，这样在视频中的影像效果会比较好。

**2. 注意服饰礼仪**

虽然视频面试不是面对面，但还是要注意穿着打扮。服装要尽量做到干净整洁、朴素大方、符合身份，以给招聘者一个良好的印象。

**3. 准确回答问题**

面试时目光不要游移不定，要正视对方，以示尊重。面试之前应在专业方面做好充分准备；回答问题时注意口齿清晰、思维有条理，问题若没听清楚，要很有礼貌地请招聘者复述一次；回答问题时要直接，说完重点以后立即进入下个问题。

**4. 谈吐要礼貌**

由于视频招聘更多的是通过聊天来展示自己，因此要特别注意谈吐，举止也要得当大方。视频过程中有可能出现听不清对方在说什么或者视频突然断掉等特殊的情况，要非常有礼貌地解释清楚。

**5. 注意细节**

虽然视频面试不像传统面试，求职者整个人都在招聘者的注意之下，但是招聘者仍然有可能通过求职者的一颦一笑、一举一动来判断求职者的素质。所以在面试过程中有些细节还是要注意，比如坐姿。因此，对视频面试还是要像对面对面的面试那样重视。

## 八、求职面试的实践

对初次求职者来说，面试究竟怎样开展、如何应对等问题，虽然会通过书本获得一些面试知识，但终究没有实践经验，在面试过程中难免还是会紧张、出错。因此，对初次求职者来说，在求职前应尽可能寻找机会去体验、去实践。

### （一）实地观摩

在征得招聘单位同意的前提下，到面试场内观摩面试过程，听双方的问答，感受面试的情景、气氛。当然也可以求职者的身份，直接参加面试。但要注意不要多次参加，使招聘者误以为你对就业岗位态度不端正。

**（二）模拟面试**

模拟面试的组织方法有两种：一是由学生自己组织，二是由学校组织。由学生自己组织的模拟面试，是由一个或几个同学担任招聘人员，其他同学充当求职者，这种方法可利用课余时间随时进行，但由于担任招聘者与充当求职者的同学都缺乏经验，因此很难营造一种面试氛围。由学校组织的模拟面试，是学校邀请有经验的招聘人员来校面试，由同学充当求职者，这种方法可以营造出一种真实的面试氛围，但限于条件，不能经常举行。

**［资料链接］**

### 健康体检

求职者通过求职面试，在众多的竞争对手中脱颖而出后，接下来要进行身体健康检查。

**1. 体检的形式**

体检一般有两种形式：一是学校统一组织毕业生到指定医院体检；二是在毕业生到企业上班前，由企业指定医院后，毕业生自行体检或集体体检。

**2. 体检的注意事项**

体检时，应先填写体检表，然后按要求进行体检。体检表应贴有与求职推荐表相同的照片，既往病史由求职者本人如实填写。

（1）凭体检登记表到指定医院参加体检，不能代检，不能戴角膜镜或有色眼镜进行裸眼视力及辨色力的检查。

（2）毕业生应在规定的时间内，在指定候检室静坐等候，不要临检前做剧烈运动，不使用影响体检结果的有关药物。

（3）毕业生应听从体检工作人员指挥，按点名顺序进入检查室受检，不得擅自进入检查室。

（4）毕业生必须如实反映既往病史，不得隐瞒。如发现有隐瞒严重疾病、不符合体检标准的，即使已被录用，也会被取消录用资格。

（5）需要做其他特殊检查的毕业生，应在指定的时间、地点进行检查，不按时检查者一般会被作自动放弃体检处理。

（6）毕业生必须严格遵守体检场所纪律，保持体检场所内安静。体检中途不要离场。待全部科目检查完毕后方可离场。

（7）毕业生对体检结果有疑问的，可在指定医院规定时间内复检。

### 3. 不同企业对员工的健康要求

（1）轻度色觉异常者一般不能从事生物、园艺、植保、特殊教育、民族体育等工作。

（2）色觉异常二度者一般不能从事美术、绘画、广告装潢、摄影、动画、冶金、矿产加工等工作。

（3）任何一眼裸眼视力低于5.0者，一般不能从事飞行、航海、消防、刑侦等工作。

（4）任何一眼裸眼视力低于4.8者，一般不能从事轮机工程、体训等工作。

（5）乙型肝炎表面抗原携带者一般不能从事学前教育、烹饪、食品加工、药品生产、宾馆服务等工作。

另外，有些企业对嗅觉、步态、四肢情况、心血管疾病情况、身高甚至面部疤痕情况有各种不同的要求。

毕业生在求职以前，一定要搞清楚企业对员工身体素质的不同要求。

**［拓展训练］**

1. 根据下面表格，写出你面试前的准备情况。

| 序号 | 要做的准备 | 完成时间 | 我做到了吗？ |
|---|---|---|---|
| 1 | 简历准备 | | |
| 2 | 着装准备 | | |
| 3 | 问题准备 | | |
| 4 | 心理准备 | | |
| 5 | 业务知识准备 | | |
| 6 | 自我认知准备 | | |
| 7 | 模拟面试 | | |

2. 模拟面试

（1）小组同学2~3人组合，轮流扮演招聘者和求职者的角色。

（2）主持人介绍活动环节、规则。

（3）模拟面试的主要环节。每人限时2分钟的自我介绍，15分钟考官提问。

（4）评价。考官打分；同学投票选出“面试之星”，并与考官打分进行比较。

（5）活动总结：大家对自己的表现满意吗？哪组同学今天表现最佳呢？听听老师是怎么评价的。

3. 案例讨论

两个月前，我到一家汽车进出口公司参加面试。刚刚毕业的我，没有丰富的面试经验，也不具备较好的外在条件。面试在市中心的写字楼里，看着出入大厅靓丽的白领，再瞅瞅自己从同学那里借来的略显肥大的套裙，唉！

下午两点半面试，我提早15分钟到达，面试地点在大厦的12层，但我并没有急着上楼，而是先在大厅中调整一下自己的心情。还差5分钟时，我准备上去了，站在电梯门口，我能看出周围的人大都与我的目的相同，只是有些人刚到，比较匆忙。电梯门开了，大家鱼贯而入，满满当当地挤了十几个人，刚要关门，一个西装笔挺的人跑了进来，电梯间里立刻响起了刺耳的警告声——超载了。大家都把目光投向了那个穿西装的，但他丝毫不为所动。顿时，电梯里陷入了刹那间的尴尬，虽然还有时间等下一班电梯，但谁也不愿意冒这个险，毕竟大家都想给主考人员留个不错的印象。

我站在靠边的位置，自然地走了出去，转过身，在关门的瞬间，我不自觉地冲电梯中的人微扬了一下嘴角。

我乘下一班电梯上来时，并没有迟到，面试也没有开始。有一两个人和我说起刚才的那一幕，抱怨那个“西装先生”太不自觉，而我只是笑笑。

面试进行得紧张而顺利。第三天，我收到了这家公司正式录用的通知。

（1）从这个案例中可以看出“我”在参加面试前做了哪些准备？

（2）“我”在哪些方面做得比较好？

（3）这个案例给我们什么启示？

4. 案例思考

某著名幼儿园招聘园长，报名者众多，其中也不乏实力很强的人。最后谁也没料到，被录取的竟是一名看起来很是平常的毕业生。许多应聘者都不服气。

负责招聘的同志把那些不服气的人招进办公室，让他们看录像，录像的内容是那天招聘时的情景。边看录像，负责招聘的同志边说：“那天招聘的时候，你们没发现墙角有个哭泣的孩子吗？”众人面面相觑。负责招聘的同志接着说：“你们都视而不见地走过去了。只有她停下来，用纸巾把孩子的眼泪鼻涕擦干。对孩子说，别哭了，阿姨这里有糖。她把孩子抱在怀里，哄他、逗他。过了会儿对他说：‘阿姨现在有事，一会我再和你玩。等着我啊。’面试结束后，女孩又回到这个孩子身边，和他玩了好一阵子，直到这个孩子露出笑容为止。她要走的时候，孩子已和她依依不舍。对教育工作者来说，比知识和能力更重要的，是一颗爱心。”

# 第三节　调适求职心理

 [生活实例]

“见了招聘者，如履薄冰，手脚不知往哪儿放，眼睛也不看人，低着头在那儿等过关，本来平时都能回答的问题，面试的时候脑子一片空白，还出现答非所问的现象。”性格腼腆的小佳，每次去应聘，都是输在面试上，每次回来都懊恼不已，自惭形秽。越是这样，就越影响她下一次面试的心态，随着面试失败次数的增多，小佳不知不觉就产生了自卑心理，慢慢失去了信心，甚至不敢再递送求职推荐表。

在求职过程中难免会遇到一些意想不到的问题，也可能遭遇各种各样的挫折，如果不能正确对待，就会产生异常的心理现象。异常心理如果持续过久或被强化就会引起心理障碍，以致影响求职目标的实现和损害身心健康。技工院校学生在求职过程中产生异常心理是难免的，要舒一口气，再舒一口气，努力调适好自己的心态，排除各种异常心理，顺利实现就业。

## 一、心理冲突的调适

心理冲突也就是心理矛盾，它是指两种或两种以上不同方向的动机、欲望、目标同时出现，使人难以抉择造成矛盾的心理状态。心理冲突是心理失衡的重要原因。人的一生就是在心理矛盾中度过的，甚至可以说心理矛盾是促进心理发展的动力。但是过分强烈而持久的心理矛盾对人的心理健康与活动效果会带来消极的影响。要缓解冲突，解除障碍，就必须从个人与社会两个方面着手进行自我调节与完善，努力使自身的愿望与社会的需要相协调，达到和谐，以保持自己的心理健康。

 [想一想]

初中毕业时，面对升学你是否有过心理冲突？若有，你是如何解决的？

### （一）要明白鱼与熊掌不可兼得的道理

应该清楚，很少有一份工作能满足一个人的所有期望，因而在职业目标冲突面前，要以最重要的期望为目标，懂得取舍，果断地做出选择。

［寓言故事］

从前有一只猴子，拿着一把豆子，行走时不小心掉了一颗豆子在地上。它便将手中的其他豆子放在地上，回头去找掉落的那一颗。结果，非但没找到那颗掉落的豆子，回头时那些放在地上的豆子，也都被鸡、鸭吃光了。

### （二）端正求职动机，抓住每一个求职的机会

对于毕业生来说，要善于抓住每一个求职的机会，我们可以先就业再择业，边就业边学习。目前没有机会不等于永远没有机会，职业目标的实现可以分步走，不一定都要一步到位。事实上也没有人在职业的道路上是一步到位的，只要朝着自己的目标努力，总有一天会实现。

［案例思考］

小刘是一名优秀的毕业生，自认为学有所成，然而却在就业过程中处处碰壁。他看中的单位，人家却看不中他；单位看中了他，他却看不中人家。毕业已经快一个月了，还未与一家单位签约。他处在焦虑、忧郁、自卑、不满、无法决断的状态，内心十分矛盾、痛苦。他到底该怎么办？

## 二、羞怯的预防

羞怯是指人们由于性格内向或挫折所引起的过度约束自己言行，以致无法真实表现自己情感的一种心理。

适当的羞怯是必要的，害羞的人会全心倾听别人的讲话，不想抢别人的话题，显得谦虚而富有涵养。但害羞超过了一定的限度，特别是与自卑联系在一起，就会严重妨碍推销自我。一个羞怯感强的人在择业求职中，常常会退避三舍，缩手缩脚，不敢自荐。在招聘者面前不敢迎视对方的目光，缺乏自信和勇气，面谈时唯唯诺诺，不是语无伦次就是面红耳赤、张口结舌。他们往往对自己的神态举止和言谈过分敏感，谨小慎微，怕回答不上对方的提问而出洋相，怕说错话伤害对方或有损自己的形象，怕失败而让人看不起。在公平竞争的机遇面前，不能充分表现自己的才能，以致错失良机，产生悲观失望的情绪，而后自信心下降，形成恶性循环。这是求职过程中比较严重的心理障碍。

**[想一想]**

你是一个过于害羞的人吗？如果是，该怎么办？

**（一）增强自信心，塑造勇敢的自我**

在恰当认识自己、实事求是评价自己长处和弱点的基础上，勇敢地面对现实，追求择业求职的成功。

**（二）在实践中锻炼自己的胆量**

开始可以拣容易的事情做，如先在熟人圈里练习表达，锻炼自己的表达能力。然后按循序渐进的原则，扩大范围、增加难度。要尽可能参加各种类型的活动，把它们看作是锻炼自己的机会，做好充分准备，有意识地克服羞怯心理。

**（三）扩大自己的知识面**

羞怯主要是后天形成的。缺乏知识、技能，会降低自信心。一个人只有具备丰富的知识，才能在求职活动中，不会因知识面过分狭窄而受窘。因此，技工院校学生不仅要掌握专业知识和其他科学文化知识，而且也要学会求职所需的基本礼节和推销自我的基本技巧。

**（四）学会控制自己**

当你在求职中自感有可能紧张或羞怯时，就提醒自己要镇定、不多想，把招聘者当作自己的熟人或朋友，羞怯心理就会大大减少。心理学研究表明，一个非常害羞的人，在陌生场合勇敢地讲出第一句话，随之而来的将不再是新的羞怯，而可能是出口成章的表达。

**（五）不要计较他人的评论**

羞怯感强的人，最怕得到否定的评价，结果是越害怕就越不敢表现自己、不敢与人交往，恶性循环的怪圈使他们在羞怯的旋涡中越陷越深。其实，被人评论是很正常的事，应顺其自然，并把它当作改善自己的动力，而不应把它当成自己的精神负担。

**[案例思考]**

小陈性格十分内向，一到人多的场合就脸红。最初的时候，一听说要去面试，他心里就打鼓，底气不足，与考官们谈话时舌头发僵、思维停滞，平时的机敏全不见了。尽管每次他都跟自己说“要自信，要放松”，但是一到关键时刻准没用，该忘的还是忘，不该忘的也想不起来。为此，在最初的三个月里，他都没有找到一家合适的单位。

毕业前，他心灰意冷，不抱任何希望地去试最后一次。他心里想，就这样吧，面试完了就回老家，不再在这里混了。由于假设这次也不会成功，他反倒很随意。面试过程中，小陈和人事经理聊得很投机，他想，反正不过是一个路人而已，就当聊聊闲天吧。没想到，一放松下来，他的思路变得特别清晰，最后走出应聘单位的时候，他感到前所未有的轻松。

回去后，小陈稍微收拾了一下行李，就到火车站去买票。正当他上火车时，手机却响起来了。最后，他与那位人事经理成了同事。

## 三、紧张情绪的调适

很多人在求职时，无论是笔试还是面试都会或多或少地紧张。尤其是刚刚走上求职道路的毕业生，在初次求职的时候更容易出现紧张情绪。由于紧张，很多人会在求职过程中出现不同程度的窘迫而导致失败，使自己平时的努力付诸东流，使自己的才能无法施展。

紧张分为适度紧张和过度紧张。适度紧张可以使人处于合理的应激状态，有利于充分调动人体内部的生理能量，从而更好地应对面临的困难或重大事件。在求职中适度紧张有助于唤起求职者的求职欲望，充分调动自身的潜能，取得最佳的求职效果。而过度紧张则会使一个人的能力难以正常发挥，甚至使人完全丧失某一方面的能力，影响人的身心健康。求职过度紧张是求职成功的绊脚石。为了提高求职的效果，必须克服过度紧张情绪。只有努力克服紧张情绪，才能使自己在求职过程中得心应手。

［想一想］

在日常生活中，你有过度紧张的时候吗？当时你是怎样调适的？

### （一）确定合适的求职目标

要根据就业形势和就业环境以及自己的素质与能力确定自己的求职目标。切忌不合实际故意拔高目标，更不要对自己过度施压。

［案例思考］

这几天，护理专业毕业的小王一提起工作便愁眉不展、懊悔不已。原来，她认为自己基本功扎实，实际操作能力强，完全有能力进入市级医院工作。但在求职过程中，她却屡屡碰壁。正当她不知如何是好时，某社区医院向小王伸出了“橄榄枝”，可小王觉得自己就该去市级医院，于是一口回绝了这份工作。没想到，社区医院招收了小王的一个同学。“现在，我的同学已经成了社区医院的业务能手，我的工作却还没有着落。”小王说。

### （二）做好充分准备

准备充分是减少紧张的有力措施，在求职过程中如果你心中有数了，就自然不那么紧张了。

### （三）自信是成功的前提

一方面不要把招聘者看得过于神秘，他们虽然在求职者面前有心理优势，但是他们也是普通人，并不是每个人都是学识渊博的人，有些人甚至可能在知识和经验等方面还不如求职者。了解这一点后，就可以消除一部分对招聘者的畏惧感。另一方面，求职者要挖掘、多想自己的优势、优点和特长，并通过一定的心理暗示，如“我一定能成功的”“我会发挥得很好”等来消除紧张情绪。

### （四）超然的态度

在求职过程中，如果老是担心失败，就会加重心理负担，增加紧张感，如果采取超然的态度，想到即使失败也没什么，相反能总结出更多的经验，这样自然会放松了。

### （五）学会自我放松

自我放松的方法是因人而异的。以下方法可以试一试：做深呼吸，积极的自我暗示，从头到脚让自己全身肌肉放松，凝视天空，洗把脸，想一些好笑的事情，等等。

## 四、学会正确面对挫折

求职不但是一场专业知识的竞争，更是一场综合素质的比拼，尤其是心理素质的比拼。技工院校学生在择业求职过程中遇到困难，甚至经过几次挫折，产生心理冲突、困惑、不良情绪是正常的。当你面对心理压力和心理困扰时，要能够主动运用心理学的理论和方法，学会调节自己的心态，使自己能从容、冷静地面对困难或挫折。

**［想一想］**

在你的人生中，有没有遇到过挫折？你认为挫折对人生有什么影响吗？

### （一）客观冷静地分析挫折

1. 分析挫折产生的原因

要注意对求职挫折产生的原因进行分析，是客观条件苛刻还是主观条件不具备，还是求职策略欠佳？如果认识到这种挫折是客观环境造成的，可以为以后的择业求职提供经验，避免重蹈覆辙，还可以使挫折感大大减轻。如果挫折是自己的主观方面造成的，要自觉调整求职目标并加强自身修养和技能的学习。

2. 分析挫折产生的后果

学会对挫折的后果进行分析，也就是分析挫折给自己带来了什么损失。挫折感是一种主观体验，面对相同的挫折不同的人感受是不同的，它取决于每个人对所失去的目标重要程度的主观认识，如果发现所受挫折并没有给自己带来多大损失，那么挫折感就会减轻。

**（二）理智地看待挫折**

尽管失败使人难堪，使人烦恼，但失败是成功之母，是前进的动力。一个人跌倒了，爬起来继续前进，即使再一次跌倒，也不再跌在原来的地方，再一次爬起时又将是一个新的开始。如果能在一次又一次的失败中不断积累经验，丰富求职技巧，也许今后的路会比别人走得更好更快。理智看待求职竞争中碰到的挫折，就应把挫折看作锻炼意志、增强能力的机会，有意识地培养自己的心理承受力，以积极主动的心态参加每一次竞争。

**（三）适时调整求职目标**

由于环境的复杂性和个体的广泛适应性，求职目标应始终保持一定的灵活性。因为人的适应性和可塑性还是比较强的，并不是只能在某一职业上才能获得成功。如果实现某个职业目标的困难大，若能换个方向，说不定很快就能成功，“失之东隅，收之桑榆”的例子是很多的。更何况，成就事业，不完全取决于原来所学的专业，更在于学专业时养成了什么素质；不在于毕业后从事什么性质的工作，更在于以什么样的态度从事工作；成功与否的关键不只在职业，更在人本身。

**（四）运用有效的方法调节心理状态**

代偿和寻求疏导都是心理调节的有效方法。代偿是指在挫折面前，为缓解心理压力，以另一种活动弥补不能达到的愿望；寻求疏导是指向同学、家长等人倾诉，听取忠告，吸取经验，排除心中积郁。

**[拓展训练]**

1. 从众心理是一种异常的求职心理，你认为应如何预防从众心理的产生？
2. 攀高心理是一种异常的求职心理，你认为应如何预防攀高心理的产生？
3. 等待心理是一种异常的求职心理，你认为应如何预防等待心理的产生？

4. 依赖心理是一种异常的求职心理，你认为应如何预防依赖心理的产生？

5. 执拗心理是一种异常的求职心理，你认为应如何预防执拗心理的产生？

6. 在择业求职时，你若产生了从众心理或攀高心理或等待心理或依赖心理或执拗心理，你会如何调适？

7. 案例讨论

孙洁是某技工学校财会专业的学生，毕业后应聘到一家不大的民营企业做出纳工作，试用期三个月。虽然公司不大，但是员工待遇不错，孙洁对自己的工作很满意，也很珍惜这个机会。一天，经理临出门前让人给客户发一份传真。当时经理秘书不在，办公室的其他人都忙着自己的手头工作，只有孙洁能抽出时间。她想起在学校时老师曾告诉她，在工作单位要积极主动地做事情，要敢于展示自己的才能。于是她跟经理说："我来发吧。"事实上，她以前并没有用过这种传真机，但是她想既然别人都会用，自己一定也能琢磨出来。于是她试着用了一下，结果传真纸被卡在中间，她用力一拉，纸撕裂了。当时办公室里很安静，只听"嗤"的一声，一位同事笑了一声……

孙洁当时感觉很丢人，脸涨得通红。幸好另一位同事过来，帮她把传真发了出去。但是，这次尴尬的经历让她开始谨小慎微，她害怕同事们私下里会嘲笑自己，在办公室里话越来越少，遇到不懂的事也不敢问别人，把自己封闭起来。两个月后，公司因为她工作没有进步，将她解聘了。

（1）请你分析一下孙洁被解聘的原因。

（2）如果你是孙洁，在遭遇这样的尴尬情况时会怎么做？如何预防再次发生类似事件呢？

## 第四节　注意求职安全

［生活实例］

小叶在一家职业中介机构的信息栏上看见招聘文员的启事，便前去咨询。该中介机构通过电话联系了公司后，告诉小叶职位空缺，她可以去试一试，但要小叶缴纳

100元中介费，并承诺如果这家不合适，可另外推荐，直到找到工作为止。面试后，公司让小叶回去等消息。小叶等了两个多星期，被告知未被录取。她只好让那家中介机构再重找一家公司。经过面试，又经过长达半个月的等待，她仍然得知没有被录取。当小叶第三次折回该中介机构时，中介机构告诉她没有新的空缺职位，让她再等。

在现实求职过程中难免会遇到一些真真假假、形形色色、令人眼花缭乱的招聘信息，因此毕业生应该学会如何识别虚假的招聘信息与招聘骗局，如何防范受骗上当。

## 一、就业市场中常见的招聘“陷阱”

### （一）目的不纯的招聘“陷阱”

1. 虚报招聘人数

虚报招聘人数是目前各种招聘会上普遍存在的情况。通常，某招聘单位明明只要招聘1~2个人，却故意在招聘材料中说要招8~10个人，甚至更多人。业内人士分析，招聘单位虚报人数主要是为了“圈”得更多好学生，如果说只招1个人，许多学生就不敢来投简历了。事实上，在信息不对称的情况下，学生很容易被招聘单位误导，以致对招聘单位的真实需求和就业竞争形势做出误判，无形中加大了毕业生个人的求职难度和求职成本。

2. 进行人才储备

有些求职者在就业市场中找到满意的招聘信息后进行了精心准备，但到了面试环节，招聘人员有的只问几句话，有的只让填一张表，最后说一句“等通知”就让求职者离开，求职者接下来就是漫长的等待，最终面试的结果也杳无音信。其实这些单位要招聘的岗位并不缺人，只是怕那些在岗位上的员工跳槽，因此储备一些人员作为替补。再者，一些大型企业为了保证运行稳定，不至于因为人员流动导致瘫痪，必须建立自己的人力资源储备库，为此只有通过大批量的招聘来建立。实际上，这类企业即使对某位应聘者“中意”，也不会马上聘用，而要等岗位空缺后才会从库内寻找人选。有些企业的岗位由于薪酬等原因，必须时刻了解人才市场行情，企业人力资源部门就通过大量的招聘来掌握这些岗位的薪酬“行情”。

3. 追求广告效应

由于在公益性职业介绍市场发布招聘信息，招聘单位无须支付任何费用，所以，有些企业会利用这个平台做免费广告。有的企业为了长期在网上发布招聘信息，以产生广告效应，有计划、分批分步地进行招聘，夸大招聘数量，说是招10人，其实可能只招1人，而且延长招聘时间。不仅是招聘单位，有些非公益性招聘会的承办者为扩大影响和增加收入也会采取类似的做法。众所周知，招聘会的规模与前来应聘的人数存在正比关系。有些招聘会的承办者为了吸引人才前来参会，会通过许多渠道找一些正规企业来当“托儿”装门面。更有甚者，一些承办者向个别小公司承诺“返点”，这些公司在招聘会上的“任务”就是收集一大摞简历，却不招“一兵一卒”。

4. 进行商业推广活动

一些企业瞄准了学校招聘会这个机会，名正言顺地进校设摊。名为招聘，实为进行商业推广活动，表现为招聘时大张旗鼓，实际只收简历不招人，或只招几个人。因为企业进学校开展商业活动需要缴纳一些场地费，而在学校内招聘设摊，则可以免费入场。

**（二）各项收费“陷阱”**

许多非法职业介绍机构会向求职者收取“服务费”“信息费”等。求职者交钱之前，中介机构承诺招聘信息浩如烟海，总有求职者适合的职位，可一旦求职者付了费得到了那些信息之后，要么是单位不需要招人，要么就是职位刚刚招聘完毕，求职者总是不能如愿，事后才知是场骗局。

1. 报名费

有些企业，招聘时收取求职者 10~100 元不等的报名费，然后让求职者填一张简历表，而后以面试不合格为由，将求职者拒之于门外。

2. 保证金

有些企业，特别是酒店等服务行业的企业，以便于管理为由，在招聘时要求求职者缴纳数额不等的保证金。当求职者不能承受企业压力辞职时，企业便以求职者自动离职为由，不退回保证金。

3. 工装费

某些公司招聘员工，称工作条件好、待遇优厚。等员工上班后，公司便要求每人缴纳金额较多的服装费，而员工领到的却是十分廉价的“工作服”。

4. 培训费

有些企业在招聘员工时，要求求职者缴纳一定数额的培训费，但培训内容只是由老员工介绍每天的工作内容而已。在求职者试用期即将结束前，企业便以各种理由辞退求职者。

5. 面试费

在人才招聘市场中，常有人利用学生急于求职的心理，诈骗学生，伪造招聘信息，通知学生前往面试，并让学生将面试费汇到他们的某个账户，金额一般为几十元到上百元不等。他们的招聘收费项目名目繁多，如填表费、指导费、资料费、入职费、试用费、卫生费、治安费、样品押金费、接待指导费等。这是隐蔽性较强的一种骗术。

**[案例思考]**

小王是某技工学校的毕业生，在去一家用人单位应聘时，按照对方的要求交了

50 元的报名费、100 元的面试费。在面试结束后的第三天，小王给这家单位的人事部门负责人打电话询问结果，对方回答："你未被录用。"小王在郁闷的同时自我安慰：算是交学费了吧。

**（三）岗位骗招、高薪引诱"陷阱"**

有些单位刊登的招聘信息显示，他们能提供一些时下热门且级别比较高的职位。但求职者进入就业单位后发现，没有底薪，没有福利，就是去拉业务，搞销售。有的单位为了吸引更多的求职者来应聘，过度包装岗位名字，如把保险业务说成是社区联络员、客户管理经理等。

还有些单位在招聘广告上写明工资不少于××××元，求职者签订合同时，工资却下降了 50%。公司解释说，这是基本工资，另外的 50% 靠工作业绩来提成。此类招聘"陷阱"在营销员、业务员招聘中最常见。

**（四）借考试之名骗取劳动成果"陷阱"**

一些单位或个人以招工考试的名义，把目前存在且难解决的问题作为笔试考题让求职者提出解决方案，或以试用的名义，骗取求职者的劳动成果（如设计方案、计算机程序设计等）。这种情况主要出现在一些小规模的广告或设计公司，由于这些公司自身缺乏足够和优秀的员工，另行聘请高水平的工作人员又需要较大代价，便想出借招聘新人来获取新鲜创意的点子。

这些单位或个人有一套完整的招聘考核体系，从笔试、复试到最终面试，每个阶段环环相扣，极其正规。按道理求职者能进入最后一轮考核，就胜利在望了，但往往有很多人就败在这最后一个环节上。面谈很愉快，工作时间、内容、薪资福利等条件双方都能谈妥，可最后求职者偏偏就没有等到应得的职位，不少求职者回头分析失败的理由却依旧没有任何收获。这些单位或个人意在剽窃求职者的作品创意和其他工作成果。

**[案例思考]**

学习服装设计的小燕在一次逛街的时候看到了一则招聘广告：某服装厂要招聘服装设计师三名，待遇优厚，学历不限。报名者需先参加笔试再参加面试，择优录取。小燕看了后很是心动，她在校时参加过多次设计比赛并多次获了奖，于是她很有信心地报名参加了。可是，笔试结束后就再也没有消息。小燕以为自己落选了，也没有太在意。直到有一天她发现，上次应聘的单位在电视台发布新品服装展示会，有一件作品自己很眼熟，原来这件作品就是自己在参加笔试时设计的衣服。小燕这才明白：那家公司根本就不想招聘人才，只是想利用招聘来剽窃他人的劳动成果。

### （五）传销“陷阱”

传销者或传销组织常以“代理”“专卖”“消费联盟”“加盟连锁”“动力营销”“滚动促销”等形式，采取各种手段蒙蔽群众，聚敛钱财，给人民群众造成了巨大的经济损失。他们的首选对象常常是急于找工作挣钱的人，这其中就包括刚毕业的学生。他们打着同乡、同学、亲戚等幌子，以帮忙找工作为由，以高薪为诱饵，骗求职者去进行非法传销活动。求职者一旦掉入“陷阱”，要么缴纳一定数量的入门费，要么花数千元购买传销产品作为入门条件。

### （六）使用廉价劳动力“陷阱”

一些招聘单位在求职者试用期即将结束时，便以各种理由炒求职者的“鱿鱼”。因为这些招聘单位在招聘时设置了试用期的工资、福利待遇和正式录用后的工资、福利待遇，中间差异较大，如试用期工资 1 600 元/月，正式录用后为 3 200 元/月。

还有一些招聘单位在求职者试用期内，向求职者收取一定的培训费，这样的话，招用求职者的代价是很小的。这些招聘单位是不会让这部分求职者成为正式合同制员工的，他们会如此循环往复地廉价使用劳动力。

还有一些招聘单位以“就业考察”为幌子把毕业生当作廉价劳动力。他们会招一批毕业生到本单位实习，承诺表现优秀的学生可以录用，但是快到签就业合同时又找借口把他们全部退回学校。一些学生由于“学习机会”涉及个人就业，所以工作很拼命，表现很优秀，却被这些“不良”企业蓄意辞退，浪费时间精力不说，对这些学生的精神打击也很大。例如，个别会展公司，因季节性需求比较强，他们需要人的时候，就来学校要一些即将毕业的学生，往往“借用”几个月，最后一个都不录用。

### （七）套取私人信息骗取财产“陷阱”

犯罪分子往往利用求职者急于找工作的心理，通过互联网或其他媒体刊登待遇诱人的招聘广告，诱骗求职者的个人信息（如身份证号码或复印件、个人联系方式，甚至银行账号等）进行非法活动，如直接盗用账户、冒名高额透支，甚至专门做起倒卖个人隐私的生意。等到求职者发现自己的个人利益受到侵害时，才恍然大悟上了不法分子的当。

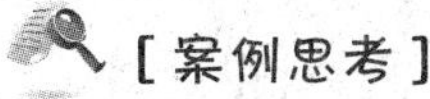

**[案例思考]**

小胡毕业时在网上看到一家公司的招聘信息，很感兴趣，便将自己的简历发到该公司。几天后，小胡接到一个自称是这家公司人力资源部人员的电话，说为了核实其毕业生身份和家庭情况，要求小胡告知其家庭电话号码，毫无戒备心理的小胡遂将家庭电话告诉了对方。几天后，小胡又接到一个电话，对方自称是刑警大队侦查人员，正在追捕一名杀人在逃犯，因该逃犯已将手机号呼叫转移到小胡的手机上，要求小胡配合，将手机关机两小时以上。与此同时，小胡同寝室同学接到一位自称是电话维修人员的电话，称因维修线路需要，要求拔掉电话插头。紧接着，远在家中的胡父接到了一位自称是某医院急救中心主任的电话，称小胡因交通事故在医院抢救，需汇款30 000元到院方指定的账户，否则将影响抢救。胡父在与女儿及同室同学多方联系未果的情况下，救女儿心切，当日先后分三次共汇款22 000元到指定账号。几小时后，胡父通过电话联系上女儿，才得知这一切竟是个骗局。

## 二、应对措施

在不少招聘中，类似上述这样的“陷阱”，五花八门、层出不穷，涉世未深、缺少社会经验的应届毕业生要识破招聘中的这些“陷阱”，还真是不太容易。毕业生在择业过程中，可能会遇到不可预测的变化。但是，事先给自己的择业确定一个比较明确的目标，可以使整个就业过程显得有的放矢、有条不紊，避免左右摇摆，也避免让一些虚假信息和骗子单位乘虚而入。

### （一）通过正规渠道求职

职业介绍市场的虚假招聘信息有其复杂的成因，毕业生应尽可能到政府开办的正规职业介绍场所去求职，在那儿不仅能享受到免费的优质服务，还能请教专业的职业指导员，避免上当受骗。

### （二）参加正规招聘会

信息不对称是学生在招聘中经常受骗的主要原因。每年都会有大量的毕业生为了寻找一份工作奔波于各类招聘会，漫无目的地投递求职材料。为了避免浪费时间、精力和金钱，在考虑向何处递交求职材料之前，最好先选择合适的招聘会。选择招聘会要注意三点：一要避免盲目出击；二要尽量回避经营性的人才市场；三要了解招聘会的专业场次、性质和服务对象，做到有的放矢。

毕业生应当尽量选择由校方或者是当地相关行政部门举办的应届毕业生招聘会，因为这些主办方对进驻招聘会的单位会进行资格审查。

### （三）学会“及时放手”

应届毕业生有针对性地选择招聘会、投送求职材料三四天后，如果没有得到回音，应主动根据对方提供的联系方式与招聘主管人员取得联系，摸清对方的“底牌”。真正具有招聘意图的企业一般会比较具体地告诉你面试的时间或其他问题。如果对方出现推托的现象，应及时放手。

**（四）认真考察中介单位**

如果选择职业中介寻找工作，就得对中介认真审查，做到“四看”：一看中介单位是不是具有营业执照等相关证件，相关证件是否摆放在明显位置，如果没有就是假中介；二看收费标准和依据是否公开，收费是否合理，如果未公开或者收费过高，也要小心；三看提供的信息是否真实有效，如果提供的信息是假的或者过时的，那就很有可能是不法中介；四看承诺的服务是否兑现，如果说得好听，但做得不好，那么属于没有信誉的中介。当遇到假中介或者不法中介时，要到相关部门举报。

**（五）鉴别信息真假**

应届毕业生要想避开招聘信息“陷阱”，可以通过互联网进行鉴别。首先要有选择地搜查招聘信息和参加招聘会，遇到适合自己的企业，可以先在网上查找该企业的相关资料。对于那些被请来当“托儿”的企业，或者长期把招聘广告挂在网站以求广告效应的企业，可从其网上招聘信息的发布时间进行鉴别。

具体鉴别方法是：先在其公司的网站上了解当前的招聘信息，再在其他一些求职网站上搜寻该公司三个月甚至半年或一年前的招聘信息，将两者进行对比，当招聘信息变动不大时，就需要多加考虑。因为一般虚假或是“广告”性质的招聘信息都是不会有大改动的。

**[拓展训练]**

1. 说一说你对“你有千变万化，我有一定之规”的理解。
2. 你认为求职中哪些收费是合理的？
3. 对传媒广告中的招聘信息，你将通过什么方法辨认其真伪？
4. 在求职中若遇到骗子，你会怎么办？

# 第五章　走进职业世界

首次就业是人生的重要转折，是职业生涯发展的重要节点，也是一个人职业活动的真正开始。因此毕业生在首次就业后，要尽快适应新环境，实现从学生到员工的角色转换，使自己尽快成为一名合格的员工。

# 第一节　签订劳动合同

［生活实例］

小娟是营销专业的学生，毕业后经人介绍到一家房产公司做售楼小姐。在上班之前，老板信誓旦旦，告诉小娟她会在工资、福利方面享受与正式员工同等的待遇。因为是熟人介绍的，小娟也没有在意这些，合同也没有与公司签。小娟是学营销的，加上服务态度好，很快打开了局面，业绩不错。小娟每月拿着工资和比较可观的奖金，日子过得平静而快乐。24 岁那年，小娟结婚了，不久便有了身孕。当小娟正沉浸在结婚和即将做母亲的幸福之中时，老板却炒了她的鱿鱼。

按照劳动法的规定，劳动者与用人单位一旦建立劳动关系，就应当签订劳动合同。当毕业生在劳动合同上签字，就意味着其迈出了职业生涯的第一步。这一步很关键，将对今后的职业生涯发展产生较大的影响。

## 一、签订劳动合同的意义

劳动合同是劳动者与用人单位确立劳动关系，明确双方权利和义务的协议。建立劳动关系应当订立劳动合同。

### （一）劳动合同是建立劳动关系的基本形式

以劳动合同作为建立劳动关系的基本形式是世界各国的普遍做法。这是由于劳动过程是非常复杂的，不同行业、不同单位的劳动者在劳动过程中的权利义务各不相同，国家法律法规只能对共性问题做出规定，不可能对当事人的具体权利义务做出规定，这就要求劳动双方签订劳动合同明确双方的具体权利义务。

### （二）劳动合同是保护双方合法权益的法律文件

劳动合同在法律上确立了劳动者与用人单位之间的劳动关系。劳动者依据劳动合同在用人单位内担任一定的职务，遵守劳动法律、法规和用人单位的规章制度，完成劳动合同约定的任务；用人单位则依据劳动合同的约定，为劳动者提供符合国家规定的劳动保护和劳动条件，督促劳动者履行劳动义务，按照劳动者的劳动数量和质量支付劳动报酬。

**（三）劳动合同是用人单位管理劳动者的依据**

用人单位可以根据生产经营或工作需要确定招收录用劳动者的时间、条件、方式和数量，并通过与劳动者签订不同类型、不同期限的劳动合同，发挥劳动者的专长。劳动合同规定劳动者必须服从用人单位管理，恪守职业道德规范，遵守其所在单位内部的劳动纪律和规章制度，目的是巩固劳动纪律，提高工作效率，从而提高单位的经济效益。

**（四）签订劳动合同是避免或减少劳动争议的措施**

劳动合同明确规定了劳动者和用人单位的权利义务，这能促使双方在劳动过程中依法规范自己的行为，按照合同行使自己的权利，履行自己的义务，避免或减少了劳动争议的发生，有利于稳定劳动关系。

**（五）劳动合同是解决劳动争议的重要依据**

在实际工作中，经常会发生劳动者与用人单位没有订立书面劳动合同，只是凭口头约定就建立劳动关系的情况，或虽然签订了劳动合同，但存在合同内容不完备、签订手续不完整的情况。一旦双方发生劳动争议，很可能由于没有足够的证据来证明双方劳动关系的真实情况，从而使得从法律上难以充分保护当事人的合法权益。

## 二、劳动合同的内容与形式

劳动合同无论是哪一方提供的，其内容与形式都有一定的要求。

**（一）劳动合同的主要内容**

劳动合同的内容是指劳动合同的各项条款。根据《中华人民共和国劳动合同法》（以下简称《劳动合同法》）第十七条规定，劳动合同应当具备以下条款：

1. 用人单位的名称、住所和法定代表人或者主要负责人；
2. 劳动者的姓名、住址和居民身份证或者其他有效身份证件号码；
3. 劳动合同期限；
4. 工作内容和工作地点；
5. 工作时间和休息休假；
6. 劳动报酬；
7. 社会保险；
8. 劳动保护、劳动条件和职业危害防护；
9. 法律、法规规定应当纳入劳动合同的其他事项。

劳动合同除前款规定的必备条款外，用人单位与劳动者可以约定试用期、培训、保守秘密、补充保险和福利待遇等其他事项。

[资料链接]

### 劳动合同的类型

《劳动合同法》第十二条规定：劳动合同分为固定期限劳动合同、无固定期限劳动合同和以完成一定工作任务为期限的劳动合同。

1. 有固定期限的劳动合同。它是指用人单位与劳动者订立的有一定期限的劳动协议。合同期限届满，双方当事人的劳动法律关系即行终止。如果双方同意，还可以续订合同，延长期限。

2. 无固定期限的劳动合同。它是指用人单位与劳动者订立的没有期限规定的劳动协议。劳动者在参加工作后，长期在一个用人单位内从事生产或工作，不得无故离职，用人单位也不得无故辞退。这种合同一般适用于技术性较强，需要持续进行的工作岗位。我国劳动法为了充分保护劳动者的合法权益，特别规定劳动者在同一用人单位连续工作满十年以上，当事人双方同意续延劳动合同的，如果劳动者提出订立无固定期限的劳动合同，应当订立无固定期限的劳动合同。另外，用人单位自用工之日起满一年不与劳动者订立书面劳动合同的，视为用人单位与劳动者已订立无固定期限劳动合同。

3. 以完成一定工作为期限的劳动合同。它是指以劳动者所担负的工作任务来确定合同期限的劳动合同，如以完成某项科研任务或临时性、季节性工作来确定合同期限的劳动合同。合同双方当事人在合同存续期间建立劳动法律关系，劳动者加入劳动单位，遵守劳动单位内部规则，享受某种劳动保险待遇。

### （二）劳动合同的形式

我国法律规定，劳动合同必须以书面形式订立（劳动合同范例见附录2）。

1. 劳动合同是劳动关系的法律形式。在市场经济中，用人单位和劳动者之间的劳动关系一般是通过一种特殊的现代契约制度——劳动合同制度来加以确认和形成的。实践中，一些劳动者出于自身利益的考虑不愿意与用人单位订立书面劳动合同，有些用人单位出于规避劳动法律、法规，或是为了节约成本，不愿意与劳动者订立书面劳动合同，致使发生劳动争议后，双方权利义务无据可循，甚至造成劳动者因为无法证明存在劳动关系而不能获得法律支持，使劳动者权益受损，而书面劳动合同有利于证明双方劳动法律关系的存在。

2. 劳动合同是用人单位与劳动者确定权利义务的依据。用书面形式订立劳动合同，便于双方根据劳动合同中的内容，行使各自的权利和履行义务。而口头合同会致使权利义务不清晰，在发生劳动争议后往往拿不出维护自己权益的证据。

3. 劳动合同是行政部门行使劳动监察权的法律依据。在实践中，个别用人单位以不签书面劳动合同的方法规避劳动法律法规。他们认为如果没有劳动合同，行政部门在行使劳动监察权时就没有依据。这种认识是错误的。用人单位应该把签订劳动合同作为一项法律义务，为行政部门行使劳动监察权提供依据。

## 三、劳动合同的订立过程

劳动合同的订立是指用人单位与劳动者通过平等协商达成协议，同时签订书面劳动合同确定劳动关系的过程。

### （一）订立劳动合同的原则

《劳动合同法》第三条规定：订立劳动合同，应当遵循合法、公平、平等自愿、协商一致、诚实信用的原则。

1. 合法

要求订立劳动合同的当事人必须具备法人资格，要求劳动合同订立的目的、内容、程序、行为不得违反法律、行政法规的规定。

2. 公平

要求用人单位不得凭借其优势，在用工时有任何偏向或者歧视，提供的合同不得限制甚至侵犯劳动者的权益。

3. 平等自愿

要求订立劳动合同的双方当事人不得将自己的意志强加给对方，也不允许第三方进行非法干预。

4. 协商一致

要求双方当事人在法律法规允许的范围内共同协商，经过平等协商达成一致意见再签订合同。

5. 诚实信用

要求双方当事人在签订合同前提供的相关信息要真实，合同签订后要遵守合同的约定。

### （二）订立劳动合同的程序

劳动合同的常见订立程序是：用人单位公布招工简章或发布招聘广告，向求职者发出要约邀请，求职者也可以通过求职信、网络求职等途径向用人单位发出要约邀请；求职者自愿报名，或用人单位通知求职者前来应聘并向用人单位提供有关证明文件；用人单位对求职者进行全面考核，择优录用；双方当事人就劳动合同的条款进行平等协商，取得一致意见，双方在合同文本上签字或盖章，劳动合同成立。

### （三）劳动合同的签订时间

《劳动合同法》第十条、第八十二条规定：建立劳动关系，应当订立书面劳动合同。已建立劳动关系，未同时订立书面劳动合同的，应当自用工之日起一个月内订立书面劳动合同。用人单位与劳动者在用工前订立劳动合同的，劳动关系自用工之日起建立。用人单位自用工之日起超过一个月不满一年未与劳动者订立书面劳动合同的，应当向劳动者每月支付二倍的工资。

### （四）劳动合同的鉴证

为保证合同的有效性，劳动合同可以送相关行政部门进行审核、鉴证。劳动合同鉴证是指相关行政主管部门审查、证明劳动合同真实性、合法性的一项行政监督措施。相关行政主管部门鼓励和提倡国内企事业单位和劳动者签订劳动合同后进行劳动合同鉴证，规定外资企业、中外合资企业与中国劳动者签订劳动合同后必须在一个月内到当地相关行政部门进行劳动合同鉴证。劳动合同鉴证不是劳动合同生效的条件，只是政府部门的一种监督行为。换句话说，即使劳动合同没有鉴证，只要劳动合同合法，同样是有法律效力的。

**[资料链接]**

#### 无效合同的类型

根据《劳动合同法》第二十六条规定，下列劳动合同无效或者部分无效：

1. 以欺诈、胁迫的手段或者乘人之危，使对方在违背真实意思的情况下订立或者变更劳动合同的；
2. 用人单位免除自己的法定责任、排除劳动者权利的；
3. 违反法律、行政法规强制性规定的。

### （五）订立劳动合同应注意的事项

1. 订立劳动合同之前，要认真学习劳动法律法规

劳动法律法规以保护劳动者的合法权益为首要宗旨。劳动者订立劳动合同之前之所以要学习劳动法律法规，是因为劳动法律法规规范了劳动者的权利和义务，对涉及劳动者切身利益的方方面面都进行了规范，如试用期、劳动报酬及发放时间、劳动时间、劳动保险、劳动安全卫生、女职工特殊保护等。只有懂得了这些东西，我们才能真正去判定用人单位所提供的合同文本条款的合理性和合法性，才能签一份合法、有效的劳动合同，才能真正维护自身的合法权益。

2. 订立劳动合同之前，要对用人单位进行全面考察

订立合同是法律行为，合同一旦签署，对当事人双方都有法律约束力。因此，我们在

订立合同之前要全面了解用人单位，不仅要了解用人单位的现状，而且要了解用人单位的发展前景，还要了解用人单位的声誉，如产品的声誉、执行合同的声誉、是否存在侵犯职工合法权益的现象等。

3. 订立劳动合同之前，要仔细研读劳动合同文本的条款

合同文本一般由用人单位提供，劳动者在订立合同前，要对照劳动法和劳动合同法等法律规范的规定逐条研读合同条款，如果有遗漏可要求补充，以免发生侵犯自身合法权益的事件，防止发生劳动争议。如果有可能的话，要争取使用当地人力资源社会保障行政部门提供的劳动合同文本，这种合同文本比较规范、比较全面。

虽然我们非常强调技工院校毕业生在找到工作以后，应及时签订劳动合同，但是仍有少数同学不把签订劳动合同当回事。有的虽然签了合同但自己没有留一份；有的虽然留了合同但没有好好保管，时间久了就搞丢了；有的虽然签了，但合同文本中许多空白处未填写；有的甚至还不想签合同，如果发生劳动争议，这样会十分被动。

［资料链接］

### 常见合同“陷阱”

由于就业形势严峻，给劳动者带来了很重的压力。在这种情况下，用人单位借机侵害劳动者合法权益的事件也时有发生。我们提醒同学们注意，求职过程中要警惕劳动合同中的下列几种“陷阱”。一旦劳动合同中出现下列情况，劳动者可以拒签，也可以向有关部门举报。

1. 霸工条款。有一些劳动合同中有“由甲方决定”“按照甲方的相关规定执行”“解释权归甲方”等字样。这些条款只从用人单位的立场出发，把劳动者放在了被动从属的地位。

2. 押扣条款。一些用人单位在劳动合同中规定，求职者要给用人单位交押金，身份证由单位保管等，这是违反劳动法的。如果劳动者主动要求离开用人单位，这些押金就很难要回来。证件被扣在用人单位，也会给劳动者惹来许多麻烦。

3. 暗箱合同。有一些用人单位在签订劳动合同时根本不与劳动者协商，也不向劳动者讲明合同内容。这些用人单位在合同中，只从自身的利益出发来规定用人单位的权利和劳动者的义务，而很少或者根本不涉及用人单位的义务和劳动者的权利。

4. 生死条款。有一些工作安全风险较大的用人单位，为了减少投入，不按劳动法、劳动合同法、安全生产法等有关规定履行劳动安全义务，提出“工伤概不负责”等条款，以此来逃避责任。

5. 卖身条款。一些用人单位在劳动合同中规定劳动者几年内不得跳槽到同行业

的公司工作，或规定劳动者几年内不得恋爱结婚，或规定劳动者不得和同单位的同事谈恋爱，或规定劳动者一切行动都得听从用人单位安排等。这些都是侵害劳动者权利的内容。

6. 形式合同。有的用人单位也与劳动者订立劳动合同，内容完全按照有关部门的要求签订，以应付有关部门的检查，可在劳动过程中并不照此执行，真正执行的可能完全是另一套内容。因此，劳动者要事先了解用人单位的声誉，这很重要。

## 四、劳动合同的变更、解除、终止

劳动合同订立后，由于主观和客观条件的变化，当事人可以在合同期满之前对合同条款进行变更，甚至解除或终止合同。

### （一）劳动合同变更的条件

用人单位与劳动者协商一致，可以变更劳动合同约定的内容。变更劳动合同，应当采用书面形式。

### （二）劳动合同解除的条件

解除劳动合同可以由劳动者提出，也可以由用人单位提出。

1. 劳动者提出解除合同的条件

**［案例思考］**

小赵经双向选择与某电子公司签订了用工劳动合同，期限为三年，试用期两个月，试用期工资每月 1 800 元，转正后每月 2 500 元。合同生效时间是当年 8 月 15 日，若一方违约，将付 3 000 元违约金。小赵开始工作后，因工作积极、业务内行、成效突出，颇受公司重用。小赵在国庆长假后，经同学介绍，发现另一单位的工资和工作条件更为优越，即向电子公司提出解除劳动合同的要求。电子公司认为，自己按约定安排好了小赵的工作，不同意解约。小赵坚持解约，公司则提出，若要走人，则依照合同要求支付 3 000 元违约金和赔偿公司损失若干。双方争执不下，申诉到劳动争议仲裁委员会。劳动争议仲裁委员会该如何处理？

劳动者由于主客观原因，不愿在用人单位继续工作，提前三十日以书面形式通知用人单位，可以解除劳动合同。劳动者在试用期内提前三日通知用人单位，可以解除劳动合同。

根据《劳动合同法》第三十八条规定，用人单位有下列情形之一的，劳动者可以解除劳动合同：

（1）未按照劳动合同约定提供劳动保护或者劳动条件的；

（2）未及时足额支付劳动报酬的；

（3）未依法为劳动者缴纳社会保险费的；

（4）用人单位的规章制度违反法律、法规的规定，损害劳动者权益的；

（5）以欺诈、胁迫的手段或者乘人之危，使劳动者在违背真实意思的情况下订立或者变更劳动合同，致使劳动合同无效或者部分无效的；

（6）法律、行政法规规定劳动者可以解除劳动合同的其他情形。

用人单位以暴力、威胁或者非法限制人身自由的手段强迫劳动者劳动的，或者用人单位违章指挥、强令冒险作业危及劳动者人身安全的，劳动者可以立即解除劳动合同，不需事先告知用人单位。

2. 用人单位提出解除合同的条件

根据《劳动合同法》第三十九条规定，劳动者有下列情形之一的，用人单位可以解除劳动合同：

（1）在试用期间被证明不符合录用条件的；

（2）严重违反用人单位的规章制度的；

（3）严重失职，营私舞弊，给用人单位造成重大损害的；

（4）劳动者同时与其他用人单位建立劳动关系，对完成本单位的工作任务造成严重影响，或者经用人单位提出，拒不改正的；

（5）以欺诈、胁迫的手段或者乘人之危，使对方在违背真实意思的情况下订立或变更劳动合同，致使劳动合同无效的；

（6）被依法追究刑事责任的。

根据《劳动合同法》第四十条规定，有下列情形之一的，用人单位提前三十日以书面形式通知劳动者本人或者额外支付劳动者一个月工资后，可以解除劳动合同：

（1）劳动者患病或者非因工负伤，在规定的医疗期满后不能从事原工作，也不能从事由用人单位另行安排的工作的；

（2）劳动者不能胜任工作，经过培训或者调整工作岗位，仍不能胜任工作的；

（3）劳动合同订立时所依据的客观情况发生重大变化，致使劳动合同无法履行，经用人单位与劳动者协商，未能就变更劳动合同内容达成协议的。

用人单位经营状况恶化的，可以有条件解除劳动合同。根据《劳动合同法》第四十一条规定，有下列情形之一，需要裁减人员二十人以上或者裁减不足二十人但占企业职工总数百分之十以上的，用人单位提前三十日向工会或者全体职工说明情况，听取工会或者职工的意见后，裁减人员方案经向劳动行政部门报告，可以裁减人员：

（1）依照企业破产法规定进行重整的；

（2）生产经营发生严重困难的；

（3）企业转产、重大技术革新或者经营方式调整，经变更劳动合同后，仍需裁减人员的；

（4）其他因劳动合同订立时所依据的客观经济情况发生重大变化，致使劳动合同无法履行的。

为确保劳动者不因工作中断而使生活陷入困境，《劳动合同法》还规定了用人单位有条件提出解除劳动合同时，应向劳动者支付补偿金。《劳动合同法》第四十七条规定：经济补偿按劳动者在本单位工作的年限，每满一年支付一个月工资的标准向劳动者支付。六个月以上不满一年的，按一年计算；不满六个月的，向劳动者支付半个月工资的经济补偿。劳动者月工资高于用人单位所在直辖市、设区的市级人民政府公布的本地区上年度职工月平均工资三倍的，向其支付经济补偿的标准按职工月平均工资三倍的数额支付，向其支付经济补偿的年限最高不超过十二年。

3. 用人单位不得解除劳动合同的条件

根据《劳动合同法》第四十二条规定，劳动者有下列情形之一，用人单位不得依据《劳动合同法》第四十条、第四十一条的规定解除劳动合同：

（1）从事接触职业病危害作业的劳动者未进行离岗前职业健康检查，或者疑似职业病病人在诊断或者医学观察期间的；

（2）在本单位患职业病或者因工负伤并被确认丧失或者部分丧失劳动能力的；

（3）患病或者非因工负伤，在规定的医疗期内的；

（4）女职工在孕期、产期、哺乳期的；

（5）在本单位连续工作满十五年，且距法定退休年龄不足五年的；

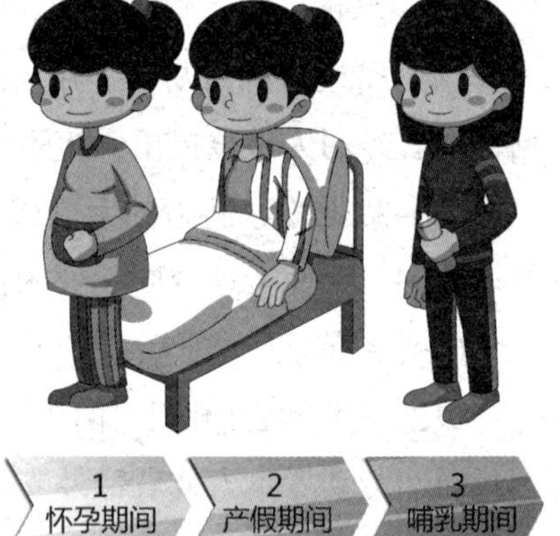


（6）法律、行政法规规定的其他情形。

**（三）劳动合同终止的条件**

根据《劳动合同法》第四十四条规定，有下列情形之一的，劳动合同终止：

（1）劳动合同期满的；

（2）劳动者开始依法享受基本养老保险待遇的；

（3）劳动者死亡，或者被人民法院宣告死亡或者宣告失踪的；

（4）用人单位被依法宣告破产的；

（5）用人单位被吊销营业执照、责令关闭、撤销或者用人单位决定提前解散的；

(6) 法律、行政法规规定的其他情形。

值得注意的是，劳动合同变更、解除和终止后，劳动者与用人单位约定的竞业限制、保守商业秘密等条款继续有效。如果劳动者违反约定，就要承担相应的民事责任。

**[案例思考]**

财会专业的应届毕业生小孙，毕业后自谋职业到一家公司工作，公司与小孙签订了为期三年的劳动合同，工作岗位是会计。一年后小孙因业务优秀，成为该公司主管会计。小孙认为公司支付的工资太少，其他待遇也较差，经同学介绍，准备跳槽到另一家公司，遂提出辞呈。公司认为小孙已全面掌握了公司的财务情况，是不能离开的人才，合同又尚未到期，小孙若走，会给公司造成重大损失，于是给出提高工资的回复。无奈小孙已向新公司做出承诺，执意要离开。当小孙不辞而别后，原公司根据合同，向劳动争议仲裁委员会提出申请，要求小孙赔偿公司损失 10 万元，并以其他单位不得聘用未解除劳动合同的职工的法律规定，要求小孙跳槽去的新公司承担连带责任。该公司的申请能获得支持吗?

**[拓展训练]**

1. 利用双休日走访一位已经就业的毕业生，请他给你谈一谈与用人单位签订一份规范的劳动合同应注意哪些问题？请将采访内容整理并记录在作业本中。

2. 案例分析

服装营销专业毕业生小陈最近与某商场签订了一份为期一年的劳动合同。合同约定试用期两个月，小陈从事某产品推销工作，每周要工作 7 天，实行双班制，每天工作 7 小时，春节、国庆等节假日正常上班，不享受加班补贴，工资每月 1 900 元，外加销售额 2%的提成。试分析：这份劳动合同中的哪些条款违反了劳动法律法规的规定?

3. 到人力资源社会保障部门复印一些劳动合同文本，二人一组模拟签订劳动合同。

4. 收集保护劳动者权益的法律规范或典型案例，在宣传委员的组织下出一期学习园地板报。

# 第二节　步入职业生涯

**［生活实例］**

小张是机械专业毕业生，毕业后被一家旅游休闲用品公司录用，从事质量检验工作。小张报到后，公司安排他下车间劳动，有人请假时他要顶岗，因此他有时要做搬运工，有时要打扫卫生。小张认为公司不守信用，明明讲好做质量检验员，结果成了一线工人。此外，1 600 元/月的工资也使他耿耿于怀。干了半个月，小张炒了老板的鱿鱼。后来，小张又找了几次工作，几乎都以类似的理由不干了。毕业五年了，小张的父母还在为他工作的事情犯愁。其实小张也不愿意做啃老族，也希望并设法找到合适的工作。据说车工、钳工活儿容易找，但他感到做车工、钳工比较辛苦，不愿意做，他希望自己能坐在明亮的办公室里用电脑做做产品设计之类的活儿；工资嘛，太少了可不行，至少每月 3 500 元以上。

初入职场，有人新奇有人不知所措。因此，对即将要进入职场的技工院校毕业生来说，了解就业初期的有关注意事项，提前做好准备，这对于走好职业生涯的第一步意义重大。

## 一、就业报到前的准备

技工院校毕业生被用人单位录用后，应尽快准备就业所需的日常生活用品和其他物品，按用人单位要求按时报到。

应预先准备好的物品主要有：证件照若干张，用于新员工登记、制作工作证和工位牌、办理暂住证等；身份证和身份证复印件；如果需要住宿，还要准备好换洗衣服、床上用品；一个月左右的生活费用，等等。

如果用工单位需要培训，还需根据用工单位要求准备相应的学习用品。

照片、身份证及复印件、笔、钱应放在随身携带的小包内，其他物品应打包便于车辆运输。

## 二、入职前的培训及注意事项

目前，许多用人单位为了使新招聘的员工能尽快适应职场环境和生产的要求，在入职前，往往会安排一个短期的培训。入职前的培训既是学校职业指导工作的延续，也是新员工进入试用期前的准备。

### （一）入职前培训的内容

新员工入职前培训的内容包括：用人单位生产、生活环境的介绍；用人单位的生产流程及岗位职责要求；用人单位的文化，包括制度文化和精神文化；用人单位未来发展规划。

### （二）入职前培训注意事项

入职前培训既是用人单位告知新员工职场环境和职业岗位要求的过程，也是进一步了解新员工并为新员工安排工作岗位的准备过程。为此，新员工在参加入职前培训要注意以下几点：要按时到指定地点参加培训；要自行准备笔、笔记本；要认真听，认真做笔记；要保持培训场所整洁卫生。

## 三、试用期和合同期及有关法律规定

试用期和合同期是两个有联系但又不相同的概念。

### （一）试用期含义

试用期，是指在劳动合同期限内，劳动关系还处于非正式状态，用人单位对劳动者是否合格进行考核、劳动者对用人单位是否符合自己要求进行了解的一段时期。

根据劳动法和劳动合同法的相关规定，劳动合同可以约定试用期。约定试用期的目的是让用人单位和劳动者在签订合同后，有时间进一步相互了解，以最终确定是否要继续劳动关系。因此，试用期与是否继续执行劳动合同密切相关。

### （二）劳动法律、法规对试用期的规定

1. 我国相关法律对试用期的规定

试用期是劳动合同中的一个约定条款，不是法定必备条款。劳动法律法规为了维护劳动者的合法权益，防止试用期滥用或过长，对试用期进行了规范。用人单位可以和劳动者在合同文本中约定试用期，但约定的期限不得超过法律规定的上限。

根据《中华人民共和国劳动法》第二十一条规定，劳动合同可以约定试用期。试用期最长不得超过六个月。

根据《劳动合同法》第十九条规定，劳动合同期限三个月以上不满一年的，试用期不得超过一个月；劳动合同期限一年以上不满三年的，试用期不得超过二个月；三年以上固

定期限和无固定期限的劳动合同，试用期不得超过六个月。同一用人单位与同一劳动者只能约定一次试用期。以完成一定工作任务为期限的劳动合同或者劳动合同期限不满三个月的，不得约定试用期。

2. 在与用人单位约定试用期时需要明确的问题

（1）试用期是一个约定条款，劳动合同双方当事人必须就试用期条款充分协商，取得一致，试用期条款才能成立。如果双方没有事先约定，用人单位就不能以试用期为由解除劳动合同。

（2）劳动者在试用期期间应当享有全部的劳动权利。这些权利包括取得劳动报酬的权利、休息休假的权利、获得劳动安全卫生保护的权利、接受职业技能培训的权利、享受社会保险和福利的权利、提请劳动争议处理的权利以及法律规定的其他劳动权利。用人单位不能因为劳动者在试用期而与其他劳动者区别对待。

（3）企业不得借试用期而压低劳动者的工资。根据《劳动合同法》第二十条规定，劳动者在试用期的工资不得低于本单位相同岗位最低档工资或者劳动合同约定工资的百分之八十，并不得低于用人单位所在地的最低工资标准。这是《劳动合同法》对试用期劳动者工资水平做出的保障。

**[试一试]**

查一查你所在县/市/区最低工资的规定。

（4）禁止用人单位变相约定试用期。有的用人单位为了规避劳动法律，在与劳动者约定试用期的同时，又约定试岗期、适应期、实习期，这些都是变相的试用期，其目的无非是为了将劳动者的待遇降低，方便解除劳动合同。为了保护劳动者的合法权益，用人单位和劳动者应当明确这些情形都属于变相的试用期，不得在约定试用期的同时另行约定。

**（三）试用期与合同期的关系**

根据《劳动合同法》第十九条规定，试用期包含在劳动合同期限内。劳动合同仅约定试用期的，试用期不成立，该期限为劳动合同期限。也就是说，不管劳动合同双方当事人订立的是一年期限的劳动合同，还是三年、五年期限的劳动合同，如果约定了试用期，劳动合同期限的前一段期限就是试用期，试用期是包括在整个劳动合同期限里的。

**（四）关于试用期内解除劳动合同的规定**

在试用期内劳动者可提出解除劳动合同，用人单位也可以有条件地提出解除劳动合同。

1. 劳动者提出解除劳动合同

根据《劳动合同法》第三十七条规定，劳动者在试用期内提前三日通知用人单位，可以解除劳动合同。

2. 用人单位提出解除劳动合同

劳动者在试用期间被证明不符合录用条件的，或劳动者不能胜任工作，经过培训或者调整工作岗位，仍不能胜任工作的，用人单位可以解除劳动合同，并向劳动者说明理由。

[案例思考]

小陈毕业于计算机应用专业。毕业前，他成功应聘到一家知名的网络公司。签约时，公司要求小陈签一份由他们提供的格式劳动合同。该合同中有“试用期满，不符合要求，公司有权解聘”的字样，因为公司的薪水和福利都使小陈感到满意，而工作又不容易找，他也就没敢细问。工作后，小陈一直兢兢业业，但三个月的试用期满后，公司以小陈工作不符合要求为由将其辞退。该公司的做法哪里不妥?

## 四、试用期内要继续双向考察

试用期是劳动者与用人单位双向选择的继续，因此，在试用期内要继续双向考察。

### (一) 劳动者要对用人单位进行全面的考察

劳动者在求职应聘时根据招工简章、招聘人员以及其他渠道了解用人单位，但这种了解只是初步的认识，是对用人单位的零散的、不全面的认识。因此，在试用期期间，劳动者要继续考察用人单位所在地环境，深入了解用人单位的文化、经营理念、企业发展战略、经济效益、企业劳动安全卫生状况、社会声誉等，向老同事了解工资、福利发放情况及养老保险、医疗保险、工伤保险、失业保险等缴纳情况，并与自己的职业生涯规划、职业期望进行比较，最后确定该企业、该工作岗位是否适合自己。

### (二) 劳动者要经得起用人单位的进一步考察和考验

用人单位与劳动者签订劳动合同，一般要与其约定一定期限的试用期。在试用期间，用人单位往往会给劳动者安排一些额外的工作任务，甚至是义务劳动，用人单位这样做的目的是要对试用期内的劳动者进行进一步的考察，充分了解劳动者的学识、能力、性格、职业情感、职业态度、言行举止等。

总的来说，试用期是求职期间劳动者和用人单位双向选择的继续。然而，由于就业形势严峻，用人单位的这种选择权往往大于劳动者的。因此，技工院校学生要充分认识试用期的意义，要迅速培养自己的职业情感，端正职业态度，勤勤恳恳地工作，充分展现自己的才华，经得起用人单位的考察。

[案例思考]

小戴是机电专业毕业生，经学校推荐，到一家商场做电工。劳动合同约定小戴合同期为三年，试用期两个月，试用期每月工资 1 600 元，转正后每月工资 2 500 元，根据工作成绩还可以取得一些奖金，每月有 500 元左右。商场规模不是很大，电工工作量不大，所以商场还安排小戴从事一些后勤工作。小戴来自农村，家庭条件较差，虽然一些同学并不看好他的这一份工作，但他很珍惜，认真地做好电工和其他后勤工作。他踏实的工作态度、好学上进的品质、热情真诚和宽容豁达的作风，赢得了领导和同事们的肯定，很快在单位站住了脚。2014 年，因商场业务拓展，小戴又被调到商场家电部从事家电销售工作。他又学起了营销知识，业余时间到电大学习，2017 年 7 月，取得了营销专业专科学历。同时，小戴虚心向有经验的同志学习，因此业务水平提高特别快，销售业绩遥遥领先同行。2018 年 3 月，小戴升任为家电部主管，工资也升到了每月 5 600 元，另外还有一份不错的奖金。

## 五、初入职场的注意事项

首次就业是迈开职业生涯的第一步，这一步走得如何，对以后的职业生涯发展影响较大，为此我们在初入职场时应注意以下几个事项。

### （一）不要过于计较试用期待遇的高低

1. 新员工为用人单位创造的价值少

在就业初期，一方面用人单位要投入人力、物力对新员工进行培训，另一方面初入职的新员工由于环境、技术熟练程度等因素，为用人单位创造的价值较少，甚至会造成不应有的原材料浪费或机器设备的损耗。因此，在就业初期不能过于追求待遇的高低。当然，一般用人单位会按国家规定及合同的约定发放相应的工资。

2. 试用期在人的职业生涯中是一个短暂的时期

技工院校毕业生的职业生涯大约有四十年，而试用期只有一到六个月，试用期在人的职业生涯中是一个短暂的时期，不要过于计较在这段时期内的得失，要用长远眼光看企业的发展，看自己能力水平的提高，只有当企业发展了、自己的能力水平提高了，工资福利待遇才会提高。

**（二）对初次分配的工作岗位不可挑三拣四**

1. 用人单位安排岗位不适当

用人单位在安排新员工工作岗位时，一般是根据他们对新员工的了解来进行安排，初次接触对新员工的了解可能不全面，因而安排的岗位不一定适当。

2. 用人单位为了进一步考察你

用人单位根据学校的推荐材料认为你是有培养前途的，因此为了进一步考察你，而有意给你安排一个最苦、最累的岗位，或一个能够了解一个部门甚至整个企业情况的岗位，让你锻炼发挥才能。

无论用人单位出于何种原因给你安排了岗位，你千万不要挑三拣四。如果岗位不适合，你可先工作一段时间，把你的才能展示出来，再要求调换工种或工作岗位。若由于工作需要，一时不能调换，应耐心等待机遇，千万不可灰心，也没有必要跳槽。

**[案例思考]**

某技工学校机电专业毕业生小跃（班长），经双向选择被某集团公司冷轧分公司录用。报到后，其他同学均被分配到有一定技术要求的岗位，而小跃则被安排在各工序之间做一名半成品的运输工人。当时，小跃真想不明白，但仍坚持努力工作，且虚心向各岗位的师傅学习。试用期满后，小跃被任命为车间主任助理。

**（三）了解并融入用人单位文化**

一般来说，每家用人单位都有自己的文化理念，都会有些不成文的潜规则。劳动者进入一个新单位，必须了解用人单位的文化，了解这些规则，融入到群体中去。只有这样，你才能被领导和同事认可，更容易顺利渡过试用期。

**（四）为构建新的人际关系而努力**

技工院校毕业生在就业初期如何与领导、老员工进行正常交往，建立新的人际关系，不仅关系到毕业生能否顺利渡过试用期，而且关系到将来的发展。新的人际关系构建需要从一点一滴做起。

1. 虚心好学，别害怕说“我不懂”

毕业生在学校里所学到的理论知识与实际工作需要有差距，有些事不知道怎样做实属正常，最重要的是要学会向有经验的同志请教。就业初期多问问：“这件事如何处理为好？”“这样做行不行？”刚来时不懂没关系，如果你不学不问，三个月后你还不懂，还不会做，那就很不好了。

2. 勤勤恳恳，任劳任怨

用人单位都会将一些很单调的工作交给新人做，让新人得到锻炼，也借此考察新人。

因此，新人必须勤勤恳恳，任劳任怨，不要以为是大材小用。

3. 多做事少开口

若你能多做些不起眼的小事，如修理小工具、整理办公室等，则能给人留下好印象。话多了不好，言多必失，所谓“祸从口出”讲的就是这个道理。对不熟悉的人和事，不要乱发表意见。每个单位都会有一些说三道四的人，听过他们所传的话之后最好一笑置之。是非听过后，千万别传，以免害人害己。

4. 不要给自己找借口

不犯错误自然很好，但这很难做到。新人刚接受工作，人生地不熟，犯错误也在所难免。犯错误不要紧，关键是要敢于正视错误，敢于改正错误。不要找借口，不要推责任，更不可诿过于人。重要的是要从错误中吸取教训，改进工作。找借口、推责任、诿过于人惹人嫌。

5. 尊重上司，团结同事

要学会礼貌待人，这往往会让你更好地融入到新的集体中去。要跟上司建立良好的关系，凡事要克制，懂得婉转表达与拒绝，切勿随意顶撞上司，上司最大的需要是尊重。进入新单位，“人和”很重要，只要能与同事和睦相处，遇到任何困难都可找人帮忙，不至于孤立无援。

**[拓展训练]**

1. 找几位你熟悉的毕业生，了解其在就业初期遇到了哪些问题，以及如何解决的。

2. 当一起就业的同学听了老员工对就业单位的评价后产生了重新择业的想法，此时你是否也会想去重新择业？

3. 许多同学认为进入新单位后，利用业余时间帮助老员工做一些自己力所能及的私事是构建新的人际关系的需要。你怎样看待这种做法？

# 第三节　实现角色转换

［生活实例］

小李是某技工学校财会专业毕业生，毕业后在一加油站从事加油兼收银工作。应当说这是一份不错的工作，工作稳定，收入预期也不错。但加油站工作实行“三班制”，尤其是下半夜的班很辛苦，没得睡不说，夏天蚊子叮咬，冬天寒风凛冽。小李是家里的独子，在家过惯了少爷公子般的生活，这样苦的工作他觉得受不了。再说他刚刚参加工作，工资只有1 800元/月，加上奖金也只有2 000多元/月，与老员工的差距较大。由于缺少工作经验，有几次小李还收了假钞，按规定还赔了钱。小李因此牢骚满腹，一段时间下来后，领导似乎对他不大满意，同事们也不大看好他。一气之下，小李写了辞职报告。

离开校园走上职场成为用人单位的员工，是毕业生职业生涯发展的一大飞跃。学校和用人单位的环境、任务、规范等都有很大的差异，人际关系也有质的差异，学生和员工在社会上是两个不同的角色。毕业生在走上工作岗位后，要想使自己适应职业生活的需要，成为合格的员工，就要及时调整自己的观念和行为习惯，在工作岗位上建立新的人际关系，实现由学生向员工的角色转变。

## 一、毕业生在角色转变中常见的不良心理

毕业生由于初入职场，往往会产生这样那样的心理问题，主要有以下四种。

### （一）依恋心理

毕业生刚刚走上工作岗位，还不能马上脱离学生身份，观察问题、思考问题还脱离不了学生时期养成的固定模式，对学生身份还有种心理依恋，特别是在遇到挫折、困难以及面对较为复杂的人际关系时，总是回想美好的学生时代，或利用各种通信手段与同学倾诉自己的郁闷、失望和不满，使得适应新环境、建立新的人际关系出现困难。

**（二）自卑心理**

有的毕业生面对新的工作环境、陌生的人际关系，感到拘谨、不自在，不知道工作从何入手。特别是同一批聘用人员中有能力非常强的人时，更感到心理压力大，工作中缺乏自信与热情，从而影响个人才能的正常发挥。

**（三）依赖心理**

许多学生从小到大没离开过父母一步，在学校里又是根据教学计划按部就班地完成学习任务，对家长、老师的依赖性比较大。到了工作岗位，习惯于做好别人安排、布置的工作，从而导致进入工作状态慢，工作主动性、积极性不够。

**（四）浮躁心理**

有些毕业生没有认真分析自己的兴趣、爱好、特长及优势，从众心理强，这山望着那山高，今天想做营销工作，明天又觉得金融理财有发展前途，频繁跳槽，不肯专心干好本职工作，长期如此，会严重阻碍个人的成长和事业的发展。

**［案例思考］**

毕业于文秘专业的小何上班一个多月了。一天，其主管领导外出开会，让她收发一封上级部门的重要邮件，嘱咐她收到后要及时打印下发，并告知上级部门的联系电话。当其主管领导开会回到单位，询问小何工作进展情况时，小何却回答没有收到对方邮件，结果重要的工作被耽误了。

## 二、毕业生初入职场不适应的表现

毕业生是职场新人的主力军。他们对工作满意度低，主要源自对职场的不适应。毕业生初入职场不适应的表现主要有以下几种。

**（一）不懂企业基本规则**

毕业生刚刚工作，热情很高，但是不懂做事方法，如生产过程中不注意节约原材料、不关注产品质量等，办事效果令人不太满意。

**［案例思考］**

一位经理让刚进公司的毕业生去买 1 箱复印纸，结果小伙子跑到计算机城买回 25 元一包的复印纸。因为路途远，他打车回来，花费 30 元交通费。当小伙子拿着发票去找经理签字报销时，经理很不高兴。

### （二）人际关系不适应

有的毕业生工作一段时间后，发现同事关系很难相处，除了上班问好、下班道别之外，与同事交流非常少；有的看不惯某些同事的行为举止，而将自己封闭起来；有的锋芒毕露，招来其他同事的不满。

**［案例思考］**

小王进一家市场调研公司工作刚半年，就已经想跳槽了。他既不是因为工作业务拿不起，也不是因为对工资薪金不满意，他就是觉得跟同事难以相处。譬如说，同事小娜喜欢拍领导马屁，领导总是将最容易出成绩的工作分配给她，小王就看不起她。又比如说，办公室梁大姐听说他没有女朋友，就一口气给他介绍了好几个，弄得他走路都得躲着梁大姐。还有一次业务主管给他的工作绩效打分较低，他认为不公平，就找了部门经理，从此业务主管再没给他什么好脸色。

### （三）企业文化不适应

每个公司都有自己的企业文化，无论公司是否宣传，它都是客观存在的。通俗地讲，企业文化就是企业的做事习惯。毕业生如果不注意这些习惯，就会与其他人格格不入。毕业生在进入企业之后，往往注意不到企业文化的细微表现。有的虽然注意到了，但是不能适应。

**［案例思考］**

小李毕业后在一家文化传播公司做文秘工作，公司办公作息时间为 9：00—17：00。但是到了下班时间，公司许多员工都不是马上回家，还在继续工作，小李觉得加班应付加班费，否则不加班。所以他总是按时来、按时走，一分钟都不愿在公司多待，因此许多老员工对他印象不好，认为他太孤傲。他自己也觉得不合群，上班时没什么好心情。

## 三、毕业生初入职场不适应的原因分析

毕业生初入职场不适应的原因，既有单位方面的原因，也有毕业生自身的原因。

### （一）用人要求与毕业生的能力存在偏差

刚走上工作岗位的技工院校毕业生，都需要有一个把书本知识和技能内化为自身能力的过程。但社会和单位上的人却往往认为技工院校毕业生既然是“技能型人才”，工作后应该上手快，适应性强，因而对技工院校学生的期望值往往过高，求全责备。尽管技工教

育强调动手能力，注重实际操作能力的培养，但是毕业生还一时无法形成综合技能，其观察能力、综合分析能力相对较弱，这就与社会所要求的讲竞争、重实效的行为方式产生了矛盾，从而导致技工院校毕业生对工作的不适应。

**（二）理想和现实存在差距**

1. 自我期望过高

部分毕业生受各种因素的影响，总期望工作能轻松些、环境能舒适些、工资待遇能高些，然而一些工作单位的实际情况可能是工作环境艰苦、工资待遇一般、工作程序单调。面对现实，技工院校毕业生若不自我调适，满腔工作热情会变为大失所望。

**[案例思考]**

物流专业的十几位毕业生到一家物流企业实习，公司安排他们清扫货场，帮助工人搬运货物。实习时间不到两周，学生只剩下四五位，其他人都回学校了。老师问他们为什么不干了，学生回答："我觉得自己应该干一些技术含量更高的活儿。"

2. 综合素质有待提高

经济的发展、技术的进步，对高素质综合性人才的需求越来越迫切。因此，技工院校毕业生不仅要有扎实的专业知识、较强的实际操作能力，还要具备一定的组织管理能力，更需要具备勇于开拓、锐意进取的创新精神。然而，一些技工院校毕业生对职业必备的综合素质认识不清，对社会竞争的残酷性了解不深，在校期间不注重综合能力的锻炼与培养，一旦踏入社会才意识到自己的综合素质远远不能胜任所从事的工作，现有的知识结构不够充分和合理，书本知识和实际问题相差太远，而且很难有机地结合起来。

3. 思想行为过于简单

学校生活的单纯、校园人际关系的简单、青春年少的任性与偏执、社会阅历的缺乏，使得毕业生对社会、对人生价值的认识往往表现出理想化倾向，在分析问题、处理问题上表现为简单化。因此，在现实生活中，尤其是面对复杂的人际关系和深奥的企业潜规则时，他们看不透，也不会灵活对待，往往造成人际关系紧张。

## 四、调整角色适应职场的策略

调整角色要从调整观念与态度、行为习惯与生活习惯，建立新的人际关系入手。

**（一）调整观念与态度**

一个人在不同的场合、不同的年龄段要扮演不同的角色。成功的人生就是扮演好自己的角色，扮演好学生的角色就是好学生，扮演好员工的角色就是好员工。学生主要通过老师的教和自己的学来获取将来在社会上独立生存和发展的知识、技术。员工则要通过岗位工作，直接或间接为他人服务，为社会做贡献。这种身份的变化要求毕业生在走上工作岗位后要及时调整自己的观念。比如，一些毕业生在走上工作岗位后，希望自己在工作岗位上多学些知识和技术，使自己迅速成长，这种愿望是很好的，但工作单位毕竟不是学校，工作单位要求员工在自己的工作岗位上努力工作，保质保量完成自己的工作任务，为社会提供合格的产品或服务，为工作单位创造效益。因此，员工固然可以在工作岗位上学习知识和技术，但应主要在业余时间学习和提高。又如，怎样对待错误？学校和企业是有差别的。有的学生在学校常常犯一些小错误，作业中粗心出错的事儿也经常发生，这可能没什么大不了的。但行为不许出错是对员工的基本要求，因为行为出错就意味着企业人力、物力和财力的浪费，就有可能影响企业的声誉，损害企业的利益。员工如果在工作岗位上犯错误，就要承担相应的责任。因此，毕业生进入职场，要尽快熟悉行业规范和工作标准，减少在工作中出错。

**[案例思考]**

某技工学校机械专业学生王栋，在校积极参加技能训练，但在训练中他追求数量，不讲质量，实训指导老师曾多次批评教育他，他不以为然。就业后，他仍旧追求产品的加工数量。可是到月底结算工资时，王栋的报酬却不如他人，原因是他加工的产品次品率太高，这时王栋才猛然醒悟。

### （二）调整行为习惯与生活习惯

学生日常行为规范是行政主管机关和学校制定的，目的是保证学校正常的教学秩序。员工的日常行为规范是行业主管部门和单位制定的，目的是维护正常的生产和工作秩序。但学校和企业功能不同，行为规范的区别很大。即使是企业，不同的企业由于工作的性质、环境的差别，行为规范也是有差别的。毕业生找到工作以后，应该严格遵守单位的规章制度，使自己成为一个合格的企业员工。

学校和工作单位的生活习惯是不同的。有些毕业生希望自己工作时能像在校时一样有规律地生活，很多时候这只是一厢情愿的想法。学生在校学习期间定时作息，周六、周日休息，周期性很强，生活很有规律。但在工作时完成工作任务是最重要的。有的工作需要常常加班，如果生产任务紧，周六、周日也不能休息。有些生产性企业实行“三班制”，许多服务性企业实行“双班制”，这些都与学校有很大的差别。因此，毕业生在工作以后要妥当处理好工作、娱乐和休息的关系。

### （三）建立新的人际关系

工作单位对刚就业的毕业生来说是一个全新的人际环境。毕业生要在工作单位站稳脚跟，必须迅速融入新的集体，从中找到认同感和归属感。许多毕业生刚进入工作单位后都很想迅速被领导和老员工认同，但对于刚刚踏上社会的年轻人来说困难也是不少的。有的同学因此感到很苦恼，有的感到困惑与不安。毕业生在就业初期能否建立良好的人际关系，对于当前工作的顺利开展和将来的发展都有着重要的意义。要建立良好的人际关系，要做的事很多，重点要做到以下几个方面。

1. 完善自我

影响人际关系的主要因素并不是个人的言辞与技巧，而是自身人格的完善以及良好的品德。看看我们的周围，如果一个人做到勤劳、尊重、友好、宽容、善解人意、诚实、关心、礼貌，那么他的人际关系就好。如果一个人给人的感觉是自私、懒散、刻薄、斤斤计较、自命不凡、粗鲁，那这个人的人际关系必然紧张，因为任何人都不愿和一个虚伪、冷漠、不负责任的人打交道。一个人的内涵比言辞更能影响其人际关系。处世技巧再高明，话说得再动听，没有充实的内涵，就很难得到人们的认同。

2. 保持积极的心态和作风

心态要好，工作要积极主动。无论是领导和同事，都喜欢勤勤恳恳的员工。在中国文化中，似乎有这样一条潜规则：新来乍到就得做一段时间的“学徒”，工作是没有什么可挑可拣的，人家叫你干什么就干什么，而且打开水、擦桌子、扫地、整理工具之类的杂活，你还得多做些。倘若一到新单位你就东挑西挑，那无疑会给人家一个不良的印象。根据先入为主的心理原则，这个第一印象就很难被抹去了。这样，就势必会影响今后的人际交往。

当然，初来乍到，有的人可能一时工作还没安排好，有的可能一下子还进入不了角色。如果你感到没事可做，千万不要自由散漫，不要因为事情不多，就迟到早退，游游荡荡。有空时，你可趁这个时机好好读点专业书，多钻研些与工作有关的东西，或者抓紧练练自己的基本功，或者主动帮助别人做些力所能及的事。要学会找事做，不要给人造成一种空得发慌、闲得无聊的感觉。

积极的心态和作风，要求在言行举止上充满朝气和活力。“坐如钟，立如松，行如风”就是积极的心态和作风的体现。穿着要得体、整洁、大方，不能松松垮垮，穿着拖鞋、背心，散着纽扣，是绝对不可以的。总之，新员工在心态上要积极，在作风上要给人利索、敏捷、虎虎有生气的感觉。

3. 有自知之明、知人之智

有自知之明、知人之智，就是说要把自己和他人放在一个恰当的位置。“自知”就是把自己放在一个恰当的位置，做到自信而不自傲，谦虚而不自卑，让人觉得你是一个诚恳可信赖之人。“知人”就是要把别人放在一个恰当的位置，做到尊重他人。技工院校学生经过了三年甚至是更长时间的专业知识学习和技能的训练，在某些方面可能胜过一些同事，这是正常的，千万不要锋芒太露。新人初到工作单位，往往会引人注目，一举一动，一言一行，都在别人的视线之中。锋芒太露的表现主要有两种：一是自以为是，动不动提意见，发议论，甚至发牢骚，想方设法要改变原有的运行机制和工作方法；二是对自己看不惯、别人却早已习惯的事情进行批评和指责。这两种，在别人看来，都是为了显示自己的高明。你高明，就意味着别人的无能，这就难免容易陷入别人的非议之中。因此，即使你确实比别人高明，确实有好的、新的点子，也不要急于表现，可以慢慢地待人际关系基本协调后，再提出不迟。

[案例思考]

营销专业毕业生冬冬，在校表现好，成绩优秀，还获得了中级工证书。毕业后他去了某超市工作，成为一名推销员。凭着扎实的基本功和对工作的责任心，冬冬的销售业绩良好。但他性格有点傲，不大看得起人，加上心直口快，常常得罪人，同事关系比较紧张，冬冬为此很苦恼。

4. 学会真诚待人

希望别人真诚对待自己是人的基本需要，一个真诚的人在你的身边，你会感到安全。真诚是建立人与人之间信任的基础，真诚是打开心灵窗户的钥匙。在做了错事或给别人带来不便、烦恼时，诚恳的道歉是真诚的一种表现。此外，同样的错误不应重复，否则你的致歉也会被看作不真诚。真诚还体现为人格的统一，即以同样的原则对待所有的人。真诚待人，要求从良好的动机出发，因为人与人之间的善意和恶意都是相互影响的，一般情况下，真诚换来真诚，敌意招致敌意。

5. 不带个人情绪工作

一个人由于某些原因，可能会产生各种各样的情绪。作为初入职场的新人，千万不要把个人情绪带到工作中去，因为带着情绪工作，很可能使工作出错，这会给人留下不好的印象，同时也会阻碍人际关系的建立与拓展，这是一个人不成熟的表现。因此，技工院校毕业生应学会调控自己的情绪，以平常心看待遇到的每一件事，努力工作，与同事、领导建立良好的人际关系。

[拓展训练]

1. 思考自己与班级同学相处的点点滴滴，分析自己在人际交往中哪些方面是成功的？哪些方面还有问题？你准备怎样改善与班级同学的关系？

2. 为了毕业后实现从学生到员工的角色转换，你做了哪些准备？

3. 请同学们通过访谈、收集资料、查询信息等方式，了解技工院校毕业生在刚走上工作岗位时最不适应是什么，并探讨解决方法。

# 第六章　谋求职业发展

未来的工作和生活不能等待别人来安排，要靠自己去争取和奋斗。因此当你获得第一份职业后，你要继续学习，不断提升自己的能力，去谋求更大的发展，这样才能使自己的人生更加辉煌灿烂。

# 第一节　奠定发展基础

［生活实例］

就业指导老师在职业指导课上跟同学们说：当你工作以后，别忘了继续学习，为自己将来的发展做好准备。可是有的同学却不以为然，认为有了工作还学什么呀，一天工作下来都累死了，哪里还有精力去学习。

当你获得一份职业以后，不要以为从此就一劳永逸了。在就业竞争十分激烈的今天，你还需在工作中继续学习，为谋求职业发展奠定基础。

## 一、树立终身学习的观念

终身学习就是“活到老，学到老”，它是社会每个成员为适应社会发展和实现个体发展的需要，贯穿于一生的、持续的学习过程。

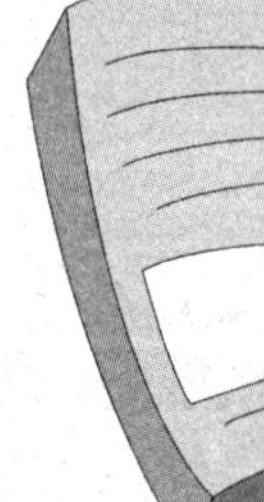

终身学习不仅是工作的需要，而且是生活的需要，更是人类进步的需要。终身学习要求每一位新员工要珍惜在自己岗位上学习的机会。不仅要学习新的更多的知识，而且要学会获取知识的方法；学习理论知识，更要学习实践操作；学习为人处事的方法，学习书本上学不到的东西；增强自主判断与选择的能力，确立终身学习的观念，养成主动学习和持续学习的良好习惯。

［想一想］

在校学习期间你是否关注学习方法的养成，毕业后是否有继续学习的打算？

## 二、继续学习的内容

### （一）与工作有关知识与技能的学习

虽然技工院校培养的是技术工人，但所培养的人才和企业生产实际需要仍是有差异的。因此技工院校毕业生在获得职业之后，还需学习与工作有关的知识与技能，如企业的规章制度、安全生产知识、工艺操作规程、操作技能等，以尽快使自己成为一名合格的员工。随后还要为谋求职业的发展，学习新知识、新工艺、新技术等。

### （二）提升技能等级的学习

当你进入企业以后，要尽可能地提升自己的技能等级，以获得更快成长。要提升自己的技能等级，就要抽出时间学习技能等级提升认证所需的知识，并花费时间训练自己的技能，当然你也可以进入高一级技工院校脱产学习并参加技能训练。

［资料链接］

技工院校的培养目标

普通技工学校只招收初中毕业生，开办中级技工班；高级技工学校既可以开办中级技工班，也可以开办高级技工班，招收高中毕业生或者相当于高中毕业的中专、中技、职高毕业生，以培养高级技工为主；技师学院不仅可以培养高级技工，而且可以培养技师。

### （三）提高学历的学习

技工教育是职业技能教育，毕业生可以通过学习获得技能等级提升，你若要获得大学学历，还得参加高等教育自学考试或参加成人高校学习。

### （四）提高素质的学习

一个人总有长处与短处，要在激烈的就业竞争中争取主动，就要注意学习，取长补短，在自我分析的基础上，全面提高自己的素质。提高素质的学习，要因人而异地选择学习内容。

## 三、继续学习的方式

### （一）自学

自学是终身学习的主要方式。终身学习主要依靠自学能力，借助书本、计算机网络（现在有很多网络课程）等实现。自学要有较强的自我约束能力，要虚心向他人求教，要持之以恒。

**（二）培训**

由于培训的目的不同，其培训费用的出资途径也不同。一种是企业因工作需要选派其员工参加的培训，一般由企业出资，劳动者培训结束后应回原企业工作；另一种是劳动者为提升能力、变换工种、变换工作岗位等，自己报名参加的培训，其费用一般由劳动者自己解决，培训结束后，劳动者可以继续在原单位工作，也可以在原单位劳动合同许可的情况下，在单位内部变换岗位或重新择业。

**（三）升学**

技工院校毕业生若要升学，既可以参加成人高校入学考试，进入相应的高校继续深造（业余函授学习），又可以参加高等教育自学考试，以取得高等教育学历。

总之，终身学习是时代的呼唤，更应是一个人自我完善的需要。学生在校期间要养成自学的习惯，掌握自学的方法，为毕业后的继续学习打下基础。

**［案例思考］**

小范是某技工学校会计专业毕业生，毕业后，他与五位同班同学一起被某国有商业银行录用为临时工。临时工同正式工不一样，工资比正式员工低一大截，而且什么时候能转正遥遥无期。同学们一个一个陆续跑了，只有小范咬咬牙留了下来。不仅如此，他还利用业余时间学习金融知识，参与电大学习，取得了金融专业专科学历，后来又参加了电大专升本学习。随着业务水平的逐步提高，四年后他成了该银行的正式员工，后被提拔为某部门主任，又过了三年，他被提拔为该商业银行某地支行的副行长。

**［拓展训练］**

1. 想一想，构建良好的人际关系是否属于职业发展的基础？
2. 说一说你职业生涯规划中关于提升技能等级或提高自己学历的打算。

# 第二节　争取晋职升级

 [生活实例]

在毕业联欢晚会上，有一群同学在讨论着就业后的发展目标，有同学说，我得积极工作，争取几年后能晋升到管理岗位；也有同学说，我不会管人，只好在提升技术职务上下功夫……

晋职是员工在企业中由低级职位向高级职位变动的过程，升级是员工的报酬由较低等级提高到较高等级的过程。员工晋职升级后所肩负的责任更大，这种责任也给员工带来更大的自我成就感和满足感，因此员工基本上都希望得到晋职升级。

## 一、企业员工职业发展通道

一般企业为员工职业生涯发展主要设有两条通道：一条是管理职位发展通道，企业管理人员通过努力在这条通道上谋求发展；另一条是各专业人员的发展通道，企业各专业人员通过自己的努力，在所从事的领域内成为行家里手，并取得相应的发展和回报，如下图所示。

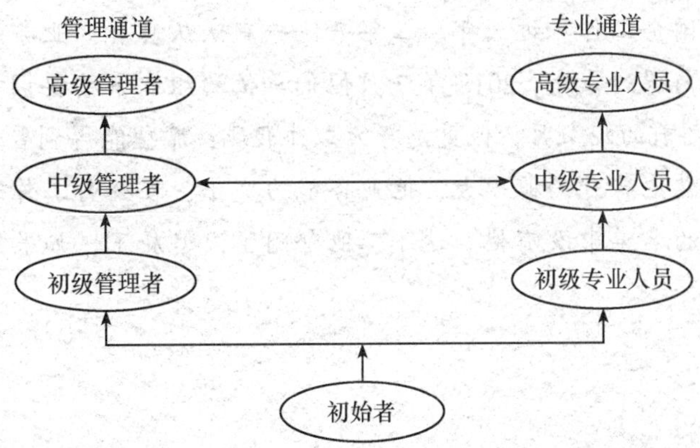


企业员工职业发展可以通过任职资格认证及职位调动或晋升来实现。

任职资格是政府职能机构或企业自设的任职资格认证机构，对企业员工能力进行的分等分级。企业通过任职资格认证来引导员工不断学习，同时为职位调动或晋升、薪酬晋级等人力资源管理提供重要的依据。

职位调动，是指员工在部门内跨科或跨部门的平级调动。晋升，是指企业员工由原来的岗位上升到另一个较高岗位的过程。企业员工的职位调动或晋升常以任职资格认证为基础。

## 二、企业员工争取晋职的策略

员工晋职的影响因素主要有工作能力、日常表现等，我们可以有针对性地进行努力。

工作能力。晋升速度的快慢，与工作能力有着最直接的关系。工作能力要通过学习、实践、总结来提高。

资历。资历是在某个单位工作时间的长短。资历越久，晋升的可能性就越大。

日常表现。日常表现越好，晋升速度就越快，机会就越多。要把自己的成绩及时客观地告知领导和同事，不能藏着掖着让别人去发现，不能抱着“酒香不怕巷子深”的陈旧观念来闯现代职场。

人际关系。人际关系包括你和领导的关系、你和同僚的关系、你和下属的关系等。人际关系越和谐，晋升的速度就越快，机会就越多。多结交朋友，无论贵贱。俗话说“朋友多了路好走”，做一个真诚的人，自然能交到真正的朋友，虚伪的人终会尝到孤独的滋味。雪中送炭最好，锦上添花也不错，总之在合理合法的范围内，在不违背原则的情况下，能帮别人一把就帮一把，别人总归会记得你的帮助。

机遇。晋升速度的快慢与机遇密不可分。在耐心等待机遇的同时，要主动寻找、发现、争取，甚至勇于创造机会。

**[案例思考]**

小陈在一家国企工作了近三年。三年来他一直认认真真，业务能力突出，为的就是能在合同期内得到晋升。2018 年 7 月他们单位的组织架构要调整，也就是有晋升的机会。7 月之前的几个月，他更是努力工作表现，希望能得到晋升；而且数来数去，他们部门也就他晋升的概率大，他业务能力突出，在公司工作时间也长。但是天意弄人，晋升的名单中没有他。这下，他郁闷了，憋屈了。如果你是小陈，你会怎么做？

**[拓展训练]**

1. 说一说你就业后争取晋职升级的打算。
2. 走访学哥、学姐，了解他们在工作中谋求晋职升级的经验。

# 第三节　谋划新职新岗

**[生活实例]**

某单位来校招聘新员工结束后，被录用的同学在悄悄议论着，有的同学说，现在就业竞争那么激烈，我们技工院校毕业生若有岗位，就应好好地干；有的同学说，先去做做看，若不理想就跳槽。假如你是一个被录用者，你会怎么想？

企业员工谋求发展既可通过企业内部晋职晋级来实现，也可通过另谋新职新岗来实现。另谋新职新岗就是跳槽。

## 一、跳槽的动机

跳槽如今比喻人离开当前企业的工作岗位，到另一个企业谋得新的工作岗位的行为。

一个人跳槽的动机一般有两种。一是主动跳槽，即为了寻求更好的工作条件，如待遇、工作环境、发展机会等，自己主动跳槽。或者为寻求更高的挑战，比如发现自己的能力应付工作绰绰有余，并且发现了自己真正感兴趣的工作的时候，你就不妨考虑换个工作试试；二是被动跳槽，即个人对自己的工作不满意，不得不跳槽。个人对自己的工作不满意主要包括对人际关系（包括上下级关系）、工作内容、工作岗位、工作待遇、工作环境或工作条件、发展机会等方面的不满意。比如，如果你与上司关系不融洽，觉得得不到发展，你自己也感觉无法适应环境，那么恐怕就要考虑换个环境了。

无论如何，当你具备了跳槽动机的时候，就是你跳槽行动的开始。在跳槽前不妨先问自己下面几个问题。

1. 是什么让你不满意现在的工作了？
2. 对于跳槽你慎重考虑过了吗？还是一时的情绪？尝试过做自我调整了吗？
3. 跳槽会使你失去什么，又得到什么呢？
4. 适应新的工作或环境、建立新的人际关系需要你付出更多的精力，你有信心吗？

5. 你的背景和能力能适应新的工作吗？

6. 你有没有职业目标？新的工作是不是为你提供了一个清晰的职业方向？

如果对上面的问题回答“是”，那么你要接着考虑下面的几个问题。

1. 新公司的职位是什么？如果比你现在的职位还低，你能接受吗？

2. 新工作要求你从头做起，你有这个心理准备吗？

3. 你在原公司工作有多久？一般来说，在一个公司工作至少应该满一年，否则公司不会给你带来非常有价值的职业经历。

4. 你应何时跳槽？最好的状态是在工作进展顺利时跳槽，那么你的职业含金量会大大提升。

5. 你实事求是地估价过自己的能力了吗？你的优点或特长是什么？你有哪些不足？

## 二、跳槽前的注意事项

### （一）决定跳槽应慎重

跳槽有其有利的一面。因为跳槽可能使员工的处境从不好到好，从好到更好；使待遇从不满意到满意，从满意到更加满意。但是因跳槽而落魄者也不乏其人，委实可惜。因此要决定跳槽与否应慎重。

### （二）不要单纯为薪水而跳槽

高薪是跳槽的一个无可厚非的重要原因，但是理智的人会更看重跳槽能否提供再次发展和实现理想的机会。如果跳槽除了能提供一份高薪外，并没有太好的发展前景，那就应该对原来任职的公司做一次认真的评价：公司是否有发展前景；自己对现从事的工作是否感兴趣，能否胜任。这是决定是否跳槽的重要原因。

### （三）跳槽时间间隔要适宜

跳槽时间间隔至少三年，因为在一个公司里工作三年以上，才能够在某一领域里积累一定的专业知识、经验和技能，才能具备真正的职业竞争力。同时，经常跳槽，会让新的用人单位对你工作的稳定性产生怀疑。

**[寓言故事]**

一只小猫看到一只老猫钓到了一条鱼，就跑到它那里钓鱼。刚放下鱼钩，又看到另一只老猫也钓到了一条大鱼，它又收起鱼竿，跑到另一只老猫那里钓，结果可想而知一条鱼也没钓到。

## 三、跳槽的方法

### （一）了解国家人事政策与企业人事制度

目前，我国劳动者的就业方式是“双向选择、竞争上岗”，这有力地促进了劳动力资源的合理配置。为了使从业人员更好地服务于经济建设，国家制定了许多政策，以实现宏观上对从业人员流动的控制和指导。所以在跳槽时，要了解这方面的政策，以免碰壁。

跳槽包含与原公司解除劳动合同的过程和与新公司建立劳动合同的过程。这两个过程都受劳动法的保护和约束，也受劳动合同的约束。如果在跳槽时，触犯了劳动法某一强行性条款，或者违反了劳动合同的约定，都会影响跳槽的顺利进行，甚至还可能承担某些赔偿责任。

［资料链接］

#### 《劳动合同法》中涉及跳槽的有关规定

第二十二条　用人单位为劳动者提供专项培训费用，对其进行专业技术培训的，可以与该劳动者订立协议，约定服务期。

劳动者违反服务期约定的，应当按照约定向用人单位支付违约金。违约金的数额不得超过用人单位提供的培训费用。用人单位要求劳动者支付的违约金不得超过服务期尚未履行部分所应分摊的培训费用。

用人单位与劳动者约定服务期的，不影响按照正常的工资调整机制提高劳动者在服务期期间的劳动报酬。

第二十三条　用人单位与劳动者可以在劳动合同中约定保守用人单位的商业秘密和与知识产权相关的保密事项。

对负有保密义务的劳动者，用人单位可以在劳动合同或者保密协议中与劳动者约定竞业限制条款，并约定在解除或者终止劳动合同后，在竞业限制期限内按月给予劳动者经济补偿。劳动者违反竞业限制约定的，应当按照约定向用人单位支付违约金。

第二十四条　竞业限制的人员限于用人单位的高级管理人员、高级技术人员和其他负有保密义务的人员。竞业限制的范围、地域、期限由用人单位与劳动者约定，竞业限制的约定不得违反法律、法规的规定。

在解除或者终止劳动合同后，前款规定的人员到与本单位生产或者经营同类产品、从事同类业务的有竞争关系的其他用人单位，或者自己开业生产或者经营同类产品、从事同类业务的竞业限制期限，不得超过二年。

### （二）选准时机，迅速跳槽

当你准备跳槽，特别是已经寻找到了新的公司时，切记不能拖泥带水，以免夜长梦多。有人认为，在没有正式提出跳槽之前，应不露声色，工作态度应当比平时更好，而一切跳槽的准备工作应当像鸭子游水那样暗暗使劲。在这期间，应仔细研究你与原公司签订的劳动合同及原公司关于员工跳槽的规定，在了解了规定、排除阻碍后，再正式提出辞职的要求。千万不要在未做好准备的情况下，轻易提出辞职，要不然，容易被原公司抓住把柄，不准你辞职或因某些细节（如培训费、服务期、业务交接等）导致双方协商不一致。如果是这样，那么你可能会失去去新公司的机会，甚至还会给自己带来无穷的麻烦。

**［案例思考］**

刘小姐在为一家公司服务了两年零两个月时，找到了更理想的工作，决定向公司提出提前解除合同的要求。由于合同规定的服务期为三年，而且规定提前解除合同应赔偿公司 3 万元。刘小姐想当然地认为，三年赔偿 3 万元，那么一年赔偿 1 万元，三个月不过赔偿 2 500 元。想不到公司并不同意刘小姐的计算方法，坚持要她赔偿 3 万元。结果从仲裁机构闹到法院，整整花去了一年多的时间，刘小姐也为此而失去了这次谋求发展的机会。

### （三）跳槽不要三心二意

在不少情况下，当员工，特别是业务骨干、优秀人才向公司提出辞职时，公司会挽留，甚至公司的高层领导也会出面挽留，并做出种种诱人的许诺。有人会经不住诱惑而放弃跳槽。这种许诺的兑现率通常很低，而且有时是个陷阱。除了少数精英人才公司会真正挽留外，公司的挽留和许诺往往是一种缓兵之计。这是因为，一是公司可能一时无合适人选接替你；二是公司还需要你肚子里的“货”。一般来说，用人单位是不会喜欢存有“二心”的人的。既然你想跳槽，说明你对企业不忠。“防人之心不可无”，虽然公司已许诺暂时将你留下，但大多数公司会对你存有戒心，当公司找到合适的替代人选时，你的职业发展会受影响。

不过，当你权衡利弊，愿意留任的话，必须要与公司将挽留的承诺达成书面协议，作为日后兑现的凭证。有了这样的保证，你就要全身心地投入到工作中去，为公司赢得更多的利润，不枉领导的重用，也不必担心领导会对你以前的辞职请求仍抱有怨恨了，因为人往高处走是可以理解的。

在任何环境下，机遇与挑战始终并存。既然慎重决定了的事，就不要再犹豫不决。决定跳槽就要勇敢地跳，决定不跳槽就要专心致志地工作。

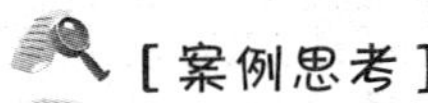

[案例思考]

刘先生第一次提出辞职时，老板就曾挽留过他，那时老板确实给了他比以前更为丰厚的薪水，也有几个不错的项目让他负责，当时他挺感动的，决心好好做出点成绩来，以报答知遇之恩。然而，最终的结果是：老板派了一个所谓的助手给他，几个月后，他的工作渐渐地被移交到那位助手的手里。刘先生开始觉出有些不对劲，正准备找老板谈谈时，老板已主动来找他并告诉他，如果愿意的话，随时可以离开公司。

## 四、跳槽成功后要妥善交接

### （一）离职前要妥善交接工作

跳槽成功后，在离职前应做好交接工作。离职者要列出自己需要交接的工作，打印成表，依次交代给接替的人，并由接替人签字，最后交给领导签字。这样既可以避免给用人单位造成不必要的损失，也可使自己的工作交接有据可查。交接后，用人单位应当在解除或者终止劳动合同时，出具解除或者终止劳动合同的证明，以便离职者办理社保关系转移手续。

### （二）主动承担违约责任

跳槽成功后，劳动者应依据劳动合同法和劳动合同的约定，主动承担违约责任，以免发生争议致使无法到新单位工作。

### （三）保护原就业单位的商业秘密

商业秘密，是指不为公众所知悉、能为权利人带来经济利益，具有实用性并经权利人采取保密措施的技术信息和经营信息，包括设计资料、程序、产品配方、制作工艺、制作方法、管理诀窍、客户名单、货源情报、产销策略等。《中华人民共和国民法总则》《中华人民共和国反不正当竞争法》及有关科技管理的法规中都有保护商业秘密的规定。我国劳动法也规定，合同当事人可以在劳动合同中约定保守用人单位商业秘密，以保护用人单位的合法权益。因此，在跳槽时，切不可泄露原公司的商业秘密。否则，一旦给原公司造成经济损失，将会给自己带来麻烦，甚至吃官司。

[案例思考]

国际贸易专业的李某被某外资公司录用，双方签订了三年的劳动聘用合同，合同中有保守用人单位商业秘密的规定。由于李某天赋聪颖，办事能力强，仅半年，就因成绩显著被破格提升为供应科科长。在从业过程中，李某深知该公司的管理方法、产销策略、客户名单、货源情报等经营信息。又过一年，李某已成为该公司的内贸、外贸的行家里手，熟知公司的运行规程。李某在知晓市场和公司的运行情况后，自认为独立经商的能力和机会已具备，则与要好同学筹资合伙，效仿他所在的外资公司的章法，注册了与该公司业务相同的商贸公司。之后，李某故意与外资公司制造矛盾，然后毅然跳槽到商贸公司。新成立的商贸公司的合同范本、岗位职责等与外资公司相同，一字不差。更令外资公司气恼的是，自己的客户、货源情报被李某夺取、利用，李某等人从中获得暴利，给外资公司造成重大损失。外资公司向法院提起诉讼，状告李某侵犯公司的商业秘密。

**[ 拓展训练 ]**

1. 想一想，在就业初期一旦遇到不顺心的事或困难就跑回家，这属于跳槽吗？
2. 想一想，能否把跳槽作为谋求发展的策略写进职业生涯规划？
3. 上网查一查，“5W1H”跳槽方法的优劣。
4. 案例思考

小杜去年从学校毕业之后，与某企业签订了一份为期一年的劳动合同，合同期至2019年6月30日止。2019年2月，小杜应聘了一家新公司，打算7月合同到期后跳槽到新公司。但是2019年3月底，小杜突然收到新公司的通知，要求从4月1日即开始正式上班。小杜于是向现在所在的单位提出了辞职申请，并获批准。按照正常情况，从提出离职之日起的三十天内，即4月1日至30日，小杜仍应当在原单位正常上班，并办理工作移交手续。由于新公司要求立即上班，所以小杜就向原公司提出，4月的工作日希望以之前双休日加班积累下来的调休假和年假冲抵。对此，原单位以工作交接未完成以及提出请假时间仓促为由不予批准休假请求。小杜便在原单位未予准假的情况下提前离开。4月20日小杜收到了原单位寄出的挂号信，称因其连续旷工多日，严重违反单位劳动纪律，给予除名处分，双方解除劳动合同关系。小杜当即回到原单位办理辞职手续，同时要求原单位撤销除名的决定，对此，原单位予以拒绝。小杜遂向劳动争议仲裁委员会提交了仲裁申请。

# 第四节　打开创业之门

**[生活实例]**

在毕业联欢会上，同学们在交谈着毕业后的打算。小章同学说："我在学校的推荐下将去某公司打工。"小刘同学说："我先开一个小店，做点小生意。"小王同学说："我将与小张、小牛同学合伙办一个蔬菜加工厂。"同学们对毕业后的生活充满了向往。开店、办厂就是创业，作为青年学生，你知道创业应具备哪些条件吗？

创业是时代发展的潮流，创业是青年人自立人生、实现理想的重要途径。对于立志创业的青年学生来说，在校期间不仅要学好文化专业基础知识，还要努力培养创业的心理品质和能力，完善创业的社会知识结构，为毕业后的创业奠定良好的基础。

## 一、创业

创业是人们运用知识与技能，以创造性的劳动把理想转化为现实的过程。创业是就业的重要形式。

创业可划分为两个层次。一是创设新的职业（指社会上原来没有的职业）；二是创设就业岗位，如开一家商店、餐馆、发廊等，就创设了就业岗位。

创业有狭义和广义之分。狭义的创业是指创业者的生产经营活动，主要指开办各种企业、商店。广义的创业是指创业者的各项创业实践活动。

## 二、创业者应具备的条件

### （一）创业者应具备的心理品质

创业心理品质，是指在创业实践活动过程中对人的心理和行为起调节作用的个性意识特征，即情感和意志以及情感过程和意志过程。在日常生活中，有的人个性鲜明，有的人缺乏个性；有的人有胆识有魄力，有的人缩手缩脚，没有做事的胆量，这实际上就是心理品质的不同。纵观历史上创造奇迹的伟人，无一不具有良好的创业心理品质。因此，立志创业者必须具备敢想敢干、百折不挠、坚持到底、独立自主、乐于创新、善于决断、勇于承担风险、善于自我调节、善于适应新环境、善于沟通交流、愿与人合作的心理品质，只有这样，才能走上自立人生、兴家创业之路。

许多技工院校都开设创业教育课程，通过创业教育和优秀毕业生成功创业案例帮助学生养成良好的创业心理品质。

**（二）创业者应具备的社会知识**

在创业实践活动中，应该学习的创业知识主要有三种类型：专业技术知识、经营管理知识、综合性知识。创业者只有系统地掌握了有关学科的基本理论和技能，才能为今后创业打下坚实的基础。

在校生主要学习专业技术知识，这是为毕业后能立足于社会的学习。对于立志创业的同学来说，这还远远不够，还应在课余时间重视经营管理知识和综合性知识的学习，有意识地参加社会实践活动，以训练与提高自己的经营管理能力和综合协调能力，为未来的创业做好准备。

**（三）创业者应具备的能力**

在瞬息万变的信息时代，创业者不仅需要足够的勇气，更需要必备的能力。创业能力是指能够顺利实现创业目标的特殊能力。

1. 专业能力

每一种工作岗位，都需要相应的专业技能。所以，无论创业者的目标是什么、目标有多大，首先需要拥有娴熟全面的专业技能。专业能力需要反复练习才能获得，专业能力是创业能力中最基本的能力之一。

2. 经营管理能力

经营管理能力是人、财、物、时间、空间的合理组合和科学运用的能力，是创业能力中较高层次的能力，它直接影响创业的规模与效益。

3. 发现能力

要想成为一个成功的创业者，仅拥有专业能力是不够的，还需要拥有发现市场的能力。即在当今市场环境下，创业者需要有发现市场的规律、消费者的消费规律以及金融的运转规律的能力。发现能力需要长期培养。

4. 学习能力

在这个信息时代，市场信息每时每刻都在迅速传播扩散着。创业者要想成功，就必须具备强大的学习能力。这种学习能力可以用“2×2”表示。前面的“2”指的是学习方法，既要参加纵向培训，不放过学习的每一次机会，又要自我提高，拓展见识，进行横向学习；后面的“2”指的则是学习范围，既要进行专业知识的学习，提升自己的专业能力，又要努力学习一切人类文明的成果，提升自己的综合素质和人文修养。

5. 创新能力

创业是一种创造性的活动。这种创造性的活动就需要创业者具有不断进取的开拓创新能力。尤其是在现代科学技术日新月异、市场信息瞬息万变的时代，创业活动的动态性和不可预测性大大增强，市场形势变得更加复杂和多变，成功的机会转瞬即逝。创业者如果不善于提出新问题，积极开拓创新，就无法跟上市场形势的变化，从而使自己处于被动接受的不利局面。

6. 发现和任用人才的能力

创业者的“伯乐”能力，包括善于发现人才和善于使用人才。

创业者在发现人才之后，更重要的是要善于任用人才。用其所长，避其所短。如果一个人是学术上的权威专家，善于从事研究，那么分配到科研单位才能发挥他的作用；如果一个人有管理才能，就应当让他去担任具体的管理工作。学非所用，用非所学，都会造成人才的浪费。创业者做到善任，才能使人才的聪明才智得到充分发挥。

7. 募集资金的能力

一个创业者想要创业成功，融资是必不可少的。许多创业者手中拥有理想的项目，也洞悉到了市场的发展，可惜的是缺少资金的支持，只能眼看着大好机会白白流失，因此一个创业者的融资能力不仅关系到创业成功与否，也关系到一个企业的生存与发展。

**[案例思考]**

某技工学校机电专业学生小姚立志创业。毕业后，他立即向银行贷款，租借设备、厂房，并聘本班同学小许、小林等人为工人，开办了一个机械厂，为巨丰机械制造公司生产配件。由于小姚不善于经营管理，小许、小林等人生产技术水平不高，再加上租借的设备陈旧，第一批配件出厂后，经巨丰公司检验，合格率达不到要求，巨丰公司拒绝接受该批配件，并告知若要提高配件的合格率，必须购置精密设备。小姚立即准备购置精密设备，但经多方努力，仍无法筹措到资金。这时小许、小林等人由于在厂里无工作可做，也只好另谋出路。小姚的创业也由此搁浅。

**[试一试]**

自我评估一下，你具备哪些创业品质、创业知识和创业能力？你打算如何完善？

## 三、创业前的准备

### （一）创业项目的确定

找到一个适合自己又能成功的项目，不是那么简单。项目好比创业的指南针，所以，创业前必须要找到一个好的项目，切不可盲目跟风，要有独特的眼光去发现有创意、有潜力的项目。

### （二）目标市场的调查研究

每个优秀的企业之所以能立足于社会，就是因为掌握了市场的需求。所以，创业前，去调查市场是有必要的，看看自己的项目在市场的需求如何。

### （三）拟定创业计划书

计划书好比图纸，展现了自己创业的蓝图。为了更好地去创业，更好地去实施创业的步骤，应先设计好未来的各种规划，预先准备好应对问题的解决方法，写好计划书。写一个好的创业计划书，不是那么容易的。需要通过调查研究目标市场，并经过认真策划后，才能写出一份符合实际的计划书。

### （四）了解国家政策

刚刚创业的人，往往缺乏的是资金、技术和信息。很多情况下，可以从国家的相关政策中得到信心。所以，创业的整个过程都要密切关注国家的政策变化。在现在市场经济环境下，国家扶持创业的优惠政策将会越来越多。

### （五）了解法律知识

了解关于与自己创业项目相关的法律知识，学会既保护自己的合法权益，又防止自己无意识地越过了法律的红线。

### （六）了解自己

要了解自己是不是适合创业，不能头脑发热，要明白自己的缺点在哪里，能不能坚持下去，有没有那个勇气，不能看到别人创业成功就草率地去创业。了解自己相当重要。

### （七）募集资金

别忘了在创业前先把资金募集充足。一般而言，技工院校毕业生可向家人及朋友借款，也可向银行申请小额创业贷款。

创业是时代的召唤，是社会发展的需要，国家已为立志创业者提供了宽松的外部环境，立志创业的青年一定能在这个大舞台上一显身手，创一番伟业。

**［拓展训练］**

1. 学着写一份创业计划书。
2. 走访创业成功的学哥、学姐，向他们学习创业经验。

## 附录 1

# 国家职业资格目录（共计 139 项）

一、专业技术人员职业资格（共计 58 项。其中准入类 35 项，水平评价类 23 项）

<table>
<tr><th>序号</th><th colspan="2">职业资格名称</th><th>资格类别</th><th>备注</th></tr>
<tr><td>1</td><td colspan="2">教师资格</td><td>准入类</td><td></td></tr>
<tr><td>2</td><td colspan="2">注册消防工程师</td><td>准入类</td><td></td></tr>
<tr><td>3</td><td colspan="2">法律职业资格</td><td>准入类</td><td></td></tr>
<tr><td>4</td><td colspan="2">中国委托公证人资格（香港、澳门）</td><td>准入类</td><td></td></tr>
<tr><td>5</td><td colspan="2">注册会计师</td><td>准入类</td><td></td></tr>
<tr><td>6</td><td colspan="2">民用核安全设备无损检验人员资格</td><td>准入类</td><td></td></tr>
<tr><td>7</td><td colspan="2">民用核设施操纵人员资格</td><td>准入类</td><td></td></tr>
<tr><td>8</td><td colspan="2">注册核安全工程师</td><td>准入类</td><td></td></tr>
<tr><td>9</td><td colspan="2">注册建筑师</td><td>准入类</td><td></td></tr>
<tr><td>10</td><td colspan="2">监理工程师</td><td>准入类</td><td></td></tr>
<tr><td>11</td><td colspan="2">房地产估价师</td><td>准入类</td><td></td></tr>
<tr><td>12</td><td colspan="2">造价工程师</td><td>准入类</td><td></td></tr>
<tr><td>13</td><td colspan="2">注册城乡规划师</td><td>准入类</td><td></td></tr>
<tr><td>14</td><td colspan="2">建造师</td><td>准入类</td><td></td></tr>
<tr><td rowspan="10">15</td><td rowspan="10">勘察设计注册工程师</td><td>注册结构工程师</td><td rowspan="10">准入类</td><td rowspan="10"></td></tr>
<tr><td>注册土木工程师</td></tr>
<tr><td>注册化工工程师</td></tr>
<tr><td>注册电气工程师</td></tr>
<tr><td>注册公用设备工程师</td></tr>
<tr><td>注册环保工程师</td></tr>
<tr><td>注册石油天然气工程师</td></tr>
<tr><td>注册冶金工程师</td></tr>
<tr><td>注册采矿/矿物工程师</td></tr>
<tr><td>注册机械工程师</td></tr>
<tr><td>16</td><td colspan="2">注册验船师</td><td>准入类</td><td></td></tr>
<tr><td>17</td><td colspan="2">船员资格（含船员、渔业船员）</td><td>准入类</td><td></td></tr>
<tr><td rowspan="2">18</td><td rowspan="2">兽医资格</td><td>执业兽医</td><td rowspan="2">准入类</td><td></td></tr>
<tr><td>乡村兽医</td><td></td></tr>
</table>

续表

<table>
<tr><th>序号</th><th colspan="2">职业资格名称</th><th>资格类别</th><th>备注</th></tr>
<tr><td>19</td><td colspan="2">拍卖师</td><td>准入类</td><td></td></tr>
<tr><td>20</td><td colspan="2">演出经纪人员资格</td><td>准入类</td><td></td></tr>
<tr><td rowspan="3">21</td><td rowspan="3">医生资格</td><td>医师</td><td rowspan="3">准入类</td><td></td></tr>
<tr><td>乡村医生</td><td></td></tr>
<tr><td>人体器官移植医师</td><td></td></tr>
<tr><td>22</td><td colspan="2">护士执业资格</td><td>准入类</td><td></td></tr>
<tr><td>23</td><td colspan="2">母婴保健技术服务人员资格</td><td>准入类</td><td></td></tr>
<tr><td>24</td><td colspan="2">出入境检疫处理人员资格</td><td>准入类</td><td></td></tr>
<tr><td>25</td><td colspan="2">注册设备监理师</td><td>准入类</td><td></td></tr>
<tr><td>26</td><td colspan="2">注册计量师</td><td>准入类</td><td></td></tr>
<tr><td>27</td><td colspan="2">广播电视播音员、主持人资格</td><td>准入类</td><td></td></tr>
<tr><td>28</td><td colspan="2">新闻记者职业资格</td><td>准入类</td><td></td></tr>
<tr><td>29</td><td colspan="2">注册安全工程师</td><td>准入类</td><td></td></tr>
<tr><td>30</td><td colspan="2">执业药师</td><td>准入类</td><td></td></tr>
<tr><td>31</td><td colspan="2">专利代理人</td><td>准入类</td><td></td></tr>
<tr><td>32</td><td colspan="2">导游资格</td><td>准入类</td><td></td></tr>
<tr><td>33</td><td colspan="2">注册测绘师</td><td>准入类</td><td></td></tr>
<tr><td rowspan="4">34</td><td rowspan="4">航空人员资格</td><td>空勤人员、地面人员</td><td rowspan="4">准入类</td><td></td></tr>
<tr><td>民用航空器外国驾驶员、领航员、飞行机械员、飞行通信员</td><td></td></tr>
<tr><td>航空安全员</td><td></td></tr>
<tr><td>民用航空电信人员、航行情报人员、气象人员</td><td></td></tr>
<tr><td>35</td><td colspan="2">特种设备检验、检测人员资格认定</td><td>准入类</td><td></td></tr>
<tr><td>36</td><td colspan="2">工程咨询（投资）专业技术人员职业资格</td><td>水平评价类</td><td></td></tr>
<tr><td>37</td><td colspan="2">通信专业技术人员职业资格</td><td>水平评价类</td><td></td></tr>
<tr><td>38</td><td colspan="2">计算机技术与软件专业技术资格</td><td>水平评价类</td><td></td></tr>
<tr><td>39</td><td colspan="2">社会工作者职业资格</td><td>水平评价类</td><td></td></tr>
<tr><td>40</td><td colspan="2">会计专业技术资格</td><td>水平评价类</td><td></td></tr>
<tr><td>41</td><td colspan="2">资产评估师</td><td>水平评价类</td><td></td></tr>
<tr><td>42</td><td colspan="2">经济专业技术资格</td><td>水平评价类</td><td></td></tr>
<tr><td>43</td><td colspan="2">土地登记代理专业人员职业资格</td><td>水平评价类</td><td></td></tr>
<tr><td>44</td><td colspan="2">环境影响评价工程师</td><td>水平评价类</td><td></td></tr>
</table>

续表

| 序号 | 职业资格名称 | 资格类别 | 备注 |
|---|---|---|---|
| 45 | 房地产经纪专业人员职业资格 | 水平评价类 | |
| 46 | 机动车检测维修专业技术人员职业资格 | 水平评价类 | |
| 47 | 公路水运工程试验检测专业技术人员职业资格 | 水平评价类 | |
| 48 | 水利工程质量检测员资格 | 水平评价类 | |
| 49 | 卫生专业技术资格 | 水平评价类 | |
| 50 | 审计专业技术资格 | 水平评价类 | |
| 51 | 税务师 | 水平评价类 | |
| 52 | 认证人员职业资格 | 水平评价类 | |
| 53 | 出版专业技术人员职业资格 | 水平评价类 | |
| 54 | 统计专业技术资格 | 水平评价类 | |
| 55 | 银行业专业人员职业资格 | 水平评价类 | |
| 56 | 证券期货业从业人员资格 | 水平评价类 | |
| 57 | 文物保护工程从业资格 | 水平评价类 | |
| 58 | 翻译专业资格 | 水平评价类 | |

二、技能人员职业资格（共计 81 项。其中准入类 5 项，水平评价类 76 项）

<table>
<tr><th>序号</th><th colspan="2">职业资格名称</th><th>资格类别</th><th>备注</th></tr>
<tr><td>1</td><td colspan="2">消防设施操作员</td><td>准入类</td><td></td></tr>
<tr><td>2</td><td colspan="2">焊工</td><td>准入类</td><td></td></tr>
<tr><td>3</td><td colspan="2">家畜繁殖员</td><td>准入类</td><td></td></tr>
<tr><td rowspan="2">4</td><td rowspan="2">健身和娱乐场所服务人员</td><td>游泳救生员</td><td rowspan="2">准入类</td><td></td></tr>
<tr><td>社会体育指导员（游泳、滑雪、潜水、攀岩）</td><td>除游泳、滑雪、潜水、攀岩等高危险性体育项目外的社会体育指导员，为水平评价类</td></tr>
<tr><td>5</td><td>轨道交通运输服务人员</td><td>轨道列车司机</td><td>准入类</td><td></td></tr>
<tr><td rowspan="5">6</td><td rowspan="5">机械设备修理人员</td><td>设备点检员</td><td rowspan="5">水平评价类</td><td rowspan="5"></td></tr>
<tr><td>电工</td></tr>
<tr><td>锅炉设备检修工</td></tr>
<tr><td>变电设备检修工</td></tr>
<tr><td>工程机械维修工</td></tr>
<tr><td>7</td><td>通用工程机械操作人员</td><td>起重装卸机械操作工</td><td>水平评价类</td><td></td></tr>
<tr><td rowspan="2">8</td><td rowspan="2">建筑安装施工人员</td><td>电梯安装维修工</td><td rowspan="2">水平评价类</td><td rowspan="2"></td></tr>
<tr><td>制冷空调系统安装维修工</td></tr>
<tr><td rowspan="2">9</td><td rowspan="2">土木工程建筑施工人员</td><td>筑路工</td><td rowspan="2">水平评价类</td><td rowspan="2"></td></tr>
<tr><td>桥隧工</td></tr>
</table>

续表

| 序号 | 职业资格名称 | | 资格类别 | 备注 |
|---|---|---|---|---|
| 9 | 土木工程建筑施工人员 | 防水工 | 水平评价类 | |
| | | 电力电缆安装运维工 | | |
| 10 | 房屋建筑施工人员 | 砌筑工、混凝土工、钢筋工、架子工 | 水平评价类 | |
| 11 | 水生产、输排和水处理人员 | 水生产处理工 | 水平评价类 | |
| | | 工业废水处理工 | | |
| 12 | 气体生产、处理和输送人员 | 工业气体生产工 | 水平评价类 | |
| | | 工业废气治理工 | | |
| | | 压缩机操作工 | | |
| 13 | 电力、热力生产和供应人员 | 锅炉运行值班员、发电集控值班员、变配电运行值班员、继电保护员 | 水平评价类 | |
| | | 燃气轮机值班员 | | |
| | | 锅炉操作工 | | |
| 14 | 仪器仪表装配人员 | 钟表及计时仪器制造工 | 水平评价类 | |
| 15 | 电子设备装配调试人员 | 广电和通信设备电子装接工、广电和通信设备调试工 | 水平评价类 | |
| 16 | 计算机制造人员 | 计算机及外部设备装配调试员 | 水平评价类 | |
| 17 | 电子器件制造人员 | 液晶显示器件制造工 | 水平评价类 | |
| | | 半导体芯片制造工、半导体分立器件和集成电路装调工 | | |
| 18 | 电子元件制造人员 | 电子产品制版工、印制电路制作工 | 水平评价类 | |
| 19 | 电线电缆、光纤光缆及电工器材制造人员 | 电线电缆制造工 | 水平评价类 | |
| 20 | 输配电及控制设备制造人员 | 变压器互感器制造工 | 水平评价类 | |
| | | 高低压电器及成套设备装配工 | | |
| 21 | 汽车整车制造人员 | 汽车装调工 | 水平评价类 | |
| 22 | 医疗器械制品和康复辅具生产人员 | 矫形器装配工、假肢装配工 | 水平评价类 | |
| 23 | 金属加工机械制造人员 | 机床装调维修工 | 水平评价类 | |
| 24 | 工装工具制造加工人员 | 模具工 | 水平评价类 | |
| 25 | 机械热加工人员 | 铸造工、锻造工、金属热处理工 | 水平评价类 | |
| 26 | 机械冷加工人员 | 车工、铣工 | 水平评价类 | |
| | | 钳工、磨工、冲压工 | | |
| | | 电切削工 | | |

续表

| 序号 | 职业资格名称 | | 资格类别 | 备注 |
|---|---|---|---|---|
| 27 | 硬质合金生产人员 | 硬质合金成型工、硬质合金烧结工、硬质合金精加工工 | 水平评价类 | |
| 28 | 金属轧制人员 | 轧制原料工、金属轧制工、金属材热处理工、金属材精整工 | 水平评价类 | |
| | | 金属挤压工、铸轧工 | | |
| 29 | 轻有色金属冶炼人员 | 氧化铝制取工、铝电解工 | 水平评价类 | |
| 30 | 重有色金属冶炼人员 | 重冶火法冶炼工、电解精炼工 | 水平评价类 | |
| | | 重冶湿法冶炼工 | | |
| 31 | 炼钢人员 | 炼钢原料工、炼钢工 | 水平评价类 | |
| 32 | 炼铁人员 | 高炉原料工、高炉炼铁工、高炉运转工 | 水平评价类 | |
| 33 | 矿物采选人员 | 井下支护工 | 水平评价类 | |
| | | 矿山救护工 | | |
| 34 | 陶瓷制品制造人员 | 陶瓷原料准备工、陶瓷烧成工、陶瓷装饰工 | 水平评价类 | |
| 35 | 玻璃纤维及玻璃纤维增强塑料制品制造人员 | 玻璃纤维及制品工 | 水平评价类 | |
| | | 玻璃钢制品工 | | |
| 36 | 水泥、石灰、石膏及其制品制造人员 | 水泥生产工、石膏制品生产工 | 水平评价类 | |
| | | 水泥混凝土制品工 | | |
| 37 | 药物制剂人员 | 药物制剂工 | 水平评价类 | |
| 38 | 中药饮片加工人员 | 中药炮制工 | 水平评价类 | |
| 39 | 涂料、油墨、颜料及类似产品制造人员 | 涂料生产工、染料生产工 | 水平评价类 | |
| 40 | 农药生产人员 | 农药生产工 | 水平评价类 | |
| 41 | 化学肥料生产人员 | 合成氨生产工、尿素生产工 | 水平评价类 | |
| 42 | 基础化学原料制造人员 | 硫酸生产工、硝酸生产工、纯碱生产工 | 水平评价类 | |
| | | 烧碱生产工、无机化学反应生产工 | | |
| | | 有机合成工 | | |
| 43 | 化工产品生产通用工艺人员 | 化工总控工 | 水平评价类 | |
| | | 防腐蚀工 | | |
| | | 制冷工 | | |
| 44 | 炼焦人员 | 炼焦煤制备工 | 水平评价类 | |
| | | 炼焦工 | | |

续表

<table>
<tr><th>序号</th><th colspan="2">职业资格名称</th><th>资格类别</th><th>备注</th></tr>
<tr><td>45</td><td>工艺美术品制作人员</td><td>景泰蓝制作工</td><td>水平评价类</td><td></td></tr>
<tr><td>46</td><td>木制品制造人员</td><td>手工木工</td><td>水平评价类</td><td></td></tr>
<tr><td>47</td><td>纺织品和服装剪裁缝纫人员</td><td>服装制版师</td><td>水平评价类</td><td></td></tr>
<tr><td rowspan="2">48</td><td rowspan="2">印染人员</td><td>印染前处理工、印花工、印染后整理工、印染染化料配制工</td><td rowspan="2">水平评价类</td><td rowspan="2"></td></tr>
<tr><td>纺织染色工</td></tr>
<tr><td>49</td><td>织造人员</td><td>整经工、织布工</td><td>水平评价类</td><td></td></tr>
<tr><td rowspan="2">50</td><td rowspan="2">纺纱人员</td><td>纺纱工</td><td rowspan="2">水平评价类</td><td rowspan="2"></td></tr>
<tr><td>缫丝工</td></tr>
<tr><td>51</td><td>纤维预处理人员</td><td>纺织纤维梳理工、并条工</td><td>水平评价类</td><td></td></tr>
<tr><td rowspan="3">52</td><td rowspan="3">酒、饮料及精制茶制造人员</td><td>酿酒师、品酒师</td><td rowspan="3">水平评价类</td><td rowspan="3"></td></tr>
<tr><td>酒精酿造工、白酒酿造工、啤酒酿造工、黄酒酿造工、果露酒酿造工</td></tr>
<tr><td>评茶员</td></tr>
<tr><td>53</td><td>乳制品加工人员</td><td>乳品评鉴师</td><td>水平评价类</td><td></td></tr>
<tr><td>54</td><td>粮油加工人员</td><td>制米工、制粉工、制油工</td><td>水平评价类</td><td></td></tr>
<tr><td rowspan="4">55</td><td rowspan="4">动植物疫病防治人员</td><td>农作物植保员</td><td rowspan="4">水平评价类</td><td rowspan="4"></td></tr>
<tr><td>动物疫病防治员、动物检疫检验员</td></tr>
<tr><td>水生物病害防治员</td></tr>
<tr><td>林业有害生物防治员</td></tr>
<tr><td rowspan="3">56</td><td rowspan="3">农业生产服务人员</td><td>农机修理工</td><td rowspan="3">水平评价类</td><td rowspan="3"></td></tr>
<tr><td>沼气工</td></tr>
<tr><td>农业技术员</td></tr>
<tr><td rowspan="3">57</td><td rowspan="3">康复矫正服务人员</td><td>助听器验配师</td><td rowspan="3">水平评价类</td><td rowspan="3"></td></tr>
<tr><td>口腔修复体制作工</td></tr>
<tr><td>眼镜验光员、眼镜定配工</td></tr>
<tr><td rowspan="2">58</td><td rowspan="2">健康咨询服务人员</td><td>健康管理师</td><td rowspan="2">水平评价类</td><td rowspan="2"></td></tr>
<tr><td>生殖健康咨询师</td></tr>
<tr><td>59</td><td>计算机和办公设备维修人员</td><td>信息通信网络终端维修员</td><td>水平评价类</td><td></td></tr>
<tr><td>60</td><td>汽车摩托车修理技术服务人员</td><td>汽车维修工</td><td>水平评价类</td><td></td></tr>
</table>

续表

| 序号 | 职业资格名称 | | 资格类别 | 备注 |
|---|---|---|---|---|
| 61 | 保健服务人员 | 保健调理师 | 水平评价类 | |
| 62 | 美容美发服务人员 | 美容师 | 水平评价类 | |
| | | 美发师 | | |
| 63 | 生活照料服务人员 | 孤残儿童护理员 | 水平评价类 | |
| | | 育婴员 | | |
| | | 保育员 | | |
| 64 | 有害生物防制人员 | 有害生物防制员 | 水平评价类 | |
| 65 | 环境治理服务人员 | 工业固体废物处理处置工 | 水平评价类 | |
| 66 | 水文服务人员 | 水文勘测工 | 水平评价类 | |
| 67 | 水利设施管养人员 | 河道修防工、水工闸门运行工 | 水平评价类 | |
| | | 水工监测工 | | |
| 68 | 地质勘查人员 | 地勘钻探工 | 水平评价类 | |
| | | 地质调查员 | | |
| | | 地勘掘进工、地质实验员、物探工 | | |
| 69 | 检验、检测和计量服务人员 | 农产品食品检验员 | 水平评价类 | |
| | | 纤维检验员 | | |
| | | 贵金属首饰与宝玉石检测员 | | |
| | | 机动车检测工 | | |
| 70 | 测绘服务人员 | 大地测量员、摄影测量员、地图绘制员 | 水平评价类 | |
| | | 不动产测绘员 | | |
| | | 工程测量员 | | |
| 71 | 安全保护服务人员 | 保安员 | 水平评价类 | |
| | | 安检员 | | |
| | | 智能楼宇管理员 | | |
| | | 安全评价师 | | |
| 72 | 人力资源服务人员 | 劳动关系协调员 | 水平评价类 | |
| | | 企业人力资源管理师 | | |
| 73 | 物业管理服务人员 | 中央空调系统运行操作员 | 水平评价类 | |
| 74 | 信息通信网络运行管理人员 | 信息通信网络运行管理员 | 水平评价类 | |
| 75 | 广播电视传输服务人员 | 广播电视天线工 | 水平评价类 | |
| | | 有线广播电视机线员 | | |

续表

| 序号 | 职业资格名称 | | 资格类别 | 备注 |
|---|---|---|---|---|
| 76 | 信息通信网络维护人员 | 信息通信网络机务员 | 水平评价类 | |
| | | 信息通信网络线务员 | | |
| 77 | 餐饮服务人员 | 中式烹调师 | 水平评价类 | |
| | | 中式面点师、西式烹调师、西式面点师 | | |
| | | 茶艺师 | | |
| 78 | 仓储人员 | （粮油）仓储管理员 | 水平评价类 | |
| 79 | 航空运输服务人员 | 民航乘务员 | 水平评价类 | |
| | | 机场运行指挥员 | | |
| 80 | 道路运输服务人员 | 机动车驾驶教练员 | 水平评价类 | |
| 81 | 消防和应急救援人员 | 消防员 | 水平评价类 | |
| | | 森林消防员 | | |
| | | 应急救援员 | | |

## 附录 2

# 劳动合同范例

**劳动合同书**

甲方：________________________________________________

法定代表人或委托代表人：______________________________

经营地址：____________________________________________

联系方式：____________________________________________

乙方：________________________________________________

性别：________________________________________________

居民身份证号码：______________________________________

联系方式：____________________________________________

合同签订日期：____年____月____日

根据我国劳动法相关规定，甲乙双方经平等协商同意，自愿签订本合同，共同遵守本合同所列条款。

**一、劳动合同期限**

第一条　关于合同期限（选择下列一项）

1. 本合同为固定期限劳动合同。本合同期限为____年，生效日期为____年____月____日，失效日期为____年____月____日，其中试用期____个月。

2. 本合同为无固定期限的劳动合同。合同期从____年____月____日起，其中试用期从____年____月____日至____年____月____日。

3. 本合同为以完成一定工作任务为期限的劳动合同。本合同从____年____月____日起生效，于________________工作完成时终止。

**二、工作内容**

第二条　乙方同意根据甲方工作需要，担任________________岗位（工种）工作。

第三条　乙方应按照甲方的要求，按时完成规定的工作数量，达到规定的质量标准。

**三、劳动条件和劳动保护**

第四条　甲方安排乙方执行________________工作制。

执行定时工作制的，甲方安排乙方每日工作时间不得超过 8 小时，平均每周不得超过 44 小时。甲方保证乙方每周至少休息一日，甲方由于工作需要，经与工会和乙方协商后可以延长工作时间，一般每日不得超过1小时，因特殊原因需要延长工作时间的，在保障乙方身体的条件下延长工作时间，每日不得超过3小时，每月不得超过36小时。

执行综合计算工时工作制的，平均日和平均周工作时间不得超过法定标准工作时间。

执行不定时工作制的，工作和休息休假时间由乙方自行安排。

第五条 甲方延长乙方工作时间，应安排乙方同等时间调休或依法支付加班工资。

第六条 甲方为乙方提供必要的劳动条件和劳动工具，建立健全的生产工艺流程，制定操作规程、工作规范和劳动安全卫生制度及其标准。

甲方应按照国家或本市有关部门的规定组织安排乙方进行健康检查。

第七条 甲方负责对乙方进行政治思想、职业道德、业务技术、劳动安全卫生及有关规章制度的教育和培训。

**四、劳动报酬**

第八条 甲方的工资分配应遵循按劳分配原则，实行同工同酬。

第九条 执行定时工作制或综合计算工时工作制的乙方完成规定的工作任务，甲方每月____日以货币形式足额支付乙方工资，工资不低于____元，其中试用期间工资为____元。执行不定时工作制的工资为____元。

第十条 甲方安排乙方加班或延长工作时间超过本合同第四条第二款规定的，按劳动法相关条款支付工资报酬。

第十一条 由于甲方生产任务不足，使乙方下岗待工的，甲方保证乙方的月生活费不低于____元。

**五、保险福利待遇**

第十二条 甲乙双方应按国家和本市社会保险的有关规定缴纳职工养老、失业及其他社会保险费用。

甲方应为乙方填写《职工养老保险手册》。双方解除、终止劳动合同后，《职工养老保险手册》按有关规定转移。

第十三条 乙方患病或非因工负伤，其病假工资、疾病救济费和医疗待遇按照____执行。

第十四条 乙方患职业病或因工负伤的工资和医疗保险待遇按国家和本市有关规定执行。

第十五条 甲方为乙方提供以下福利待遇：______________________________。

**六、劳动纪律**

第十六条 乙方应遵守甲方依法制定的规章制度；严格遵守劳动安全卫生制度、操作规程和工作规范；爱护甲方的财产，遵守职业道德；积极参加甲方组织的培训，提高思想觉悟和职业技能。

第十七条　乙方违反劳动纪律，甲方可依据本单位规章制度，给予纪律处分，直至解除本合同。

**七、劳动合同的变更、解除、终止、续订**

第十八条　订立本合同所依据的法律、行政法规、规章发生变化，本合同应变更相关内容。

第十九条　订立本合同所依据的客观情况发生重大变化，致使本合同无法履行的，经甲乙双方协商同意，可以变更本合同相关内容。

第二十条　经甲乙双方协商一致，本合同可以解除。

第二十一条　乙方有下列情形之一，甲方可以解除本合同：

1. 在试用期间，被证明不符合录用条件的；

2. 严重违反劳动纪律或甲方规章制度的；

3. 严重失职、营私舞弊，对甲方利益造成重大损害的；

4. 被依法追究刑事责任的。

第二十二条　下列情形之一，甲方可以解除本合同，但应提前三十日以书面形式通知乙方：

1. 乙方患病或非因工负伤，医疗期满后，不能从事原工作也不能从事甲方另行安排的工作的；

2. 乙方不能胜任工作，经过培训或者调整工作岗位，仍不能胜任工作的；

3. 双方不能依据本合同第十九条规定就变更合同达成协议的。

第二十三条　甲方濒临破产进行法定整顿期间或者生产经营发生严重困难，经向工会或者全体职工说明情况，听取工会或者职工的意见，并向行政部门报告后，可以解除本合同。

第二十四条　乙方有下列情形之一，甲方不得依据本合同第二十二条、第二十三条终止、解除本合同：

1. 乙方从事接触职业病危害作业的，未进行离岗前职业健康检查，或者疑似职业病病人在诊断或者医学观察期间的；

2. 乙方在本单位患职业病或者因工负伤并被确认丧失或者部分丧失劳动能力的；

3. 乙方患病或者非因工负伤，在规定的医疗期内的；

4. 女职工在孕期、产期、哺乳期的；

5. 乙方在本单位连续工作满十五年，且距法定退休年龄不足五年的。

第二十五条　乙方患职业病或因工负伤，医疗终结，经劳动能力鉴定委员会确认完全或部分丧失劳动能力的，按________________办理，甲方不得依据本合同第二十二条、第二十三条解除劳动合同。

第二十六条 乙方解除劳动合同，应当提前三十日以书面形式通知甲方。

第二十七条 有下列情形之一，乙方可以随时通知甲方解除本合同：

1. 在试用期内的；

2. 甲方以暴力、威胁、监禁或者非法限制人身自由的手段强迫劳动的；

3. 甲方不能按照本合同规定支付劳动报酬或者提供劳动条件的。

第二十八条 本合同期限届满，劳动合同即终止。双方当事人在本合同期满前____天向对方表示续订意向。甲乙双方经协商同意，可以续订劳动合同。

第二十九条 订立无固定期限劳动合同的，乙方达到法定退休年龄或甲乙双方约定的终止条件出现，本合同终止。

**八、经济补偿与赔偿**

第三十条 下列情形之一，甲方违反和解除乙方劳动合同的，应按下列标准支付乙方经济补偿金：

1. 甲方克扣或者无故拖欠乙方工资的，以及拒不支付乙方延长工作时间工资报酬的，除在规定的时间内全额支付乙方工资报酬外，还需加发相当于工资报酬25%的经济补偿金；

2. 甲方支付乙方的工资报酬低于本市最低工资标准的，要在补足低于标准部分的同时，另外支付相当于低于部分25%的经济补偿金。

第三十一条 下列情形之一，甲方应根据乙方在甲方工作年限，每满一年发给相当于乙方解除本合同前十二个月的月平均工资的经济补偿金，最多不超过十二个月：

1. 经与乙方协商一致，甲方解除劳动合同的；

2. 乙方不能胜任工作，经过培训或者调整工作岗位仍不能胜任工作，由甲方解除劳动合同的。

第三十二条 下列情形之一，甲方应根据乙方在甲方工作年限，每满一年发给相当于本单位上年月平均工资的经济补偿金：

1. 乙方患病或者非因工负伤，经劳动能力鉴定委员会确认不能从事原工作，也不能从事甲方另行安排的工作而解除本合同的；

2. 劳动合同订立时所依据的客观情况发生重大变化，致使本合同无法履行，经当事人协商不能就变更劳动合同达成协议，由甲方解除劳动合同的；

3. 甲方濒临破产进行法定整顿期间或者生产经营状况发生严重困难，必须裁减人员的。

以上三种情况，如果乙方被解除本合同前十二个月的月平均工资高于本单位上年月平均工资的，按本人月平均工资计发。

第三十三条 甲方解除本合同后，未按规定给予乙方经济补偿的，除全额发给乙方经济补偿金外，还须按该经济补偿金数额的50%支付额外经济补偿金。

第三十四条　支付乙方经济补偿金时，乙方在甲方工作时间不满一年的按一年的标准发给经济补偿金。

第三十五条　乙方患病或者非因工负伤，经劳动能力鉴定委员会确认不能从事原工作，也不能从事甲方另行安排的工作而解除本合同的，甲方还应发给乙方不低于甲方上年月人均工资六个月的医疗补助费。患重病和绝症的还应增加医疗补助费，患重病的增加部分不低于医疗补助费的50%，患绝症的增加部分不低于医疗补助费的100%。

第三十六条　甲方违反本合同约定的条件解除劳动合同或由于甲方原因订立的无效劳动合同，给乙方造成损害的，应按损失程度承担赔偿责任。

第三十七条　乙方违反本合同约定的条件解除劳动合同或违反本合同约定的事项，对甲方造成经济损失的，应按损失的程度依法承担赔偿责任。

第三十八条　乙方解除本合同的，凡由甲方出资去国外培训的人员，应向甲方偿付培训费。其标准为：服务（工作）每满一年按培训费总额的20%递减，服务（工作）满五年不再偿付。

**九、劳动争议处理**

第三十九条　因履行本合同发生的劳动争议，当事人可以向本单位劳动争议调解委员会申请调解；调解不成，当事人一方要求仲裁的，应当自劳动争议发生之日起六十日内向劳动争议仲裁委员会申请仲裁。对裁决不服的，可以向人民法院提起诉讼。

**十、其他**

第四十条　甲方以下列规章制度________________作为本合同附件。

第四十一条　本合同未尽事宜，或与今后国家、本市有关规定相悖的，按有关规定执行。

第四十二条　本合同一式两份，甲乙双方各执一份。

甲方（签名、盖章）：______________　　　　乙方（签名、盖章）：______________

法定代表人：

____年____月____日　　　　　　　　　　____年____月____日